地域における国際化シリーズ

新しい港町文化とまちづくり

エコハ出版

はしがき

日本は古来、農業を基本にし、安定的で比較的閉鎖的な農本主義の文化をベースとしてきたが、江戸時代の港町などにはそれとは違った比較的自由で開放的な港町文化が併存していた。特に日本海沿岸の北前船が寄港する港町には各地の物資や情報が集中し、オープンで変化を受け入れる流動的な文化があった。北海道の函館や小樽、釧路はそのような土壌を持っていたので、明治維新の開国にあたっては外国文化をいち早く受け入れ、それを自分たちの文化と融合させるという「和洋折衷」という独特の文化をつくり上げた。その頃には港は人々の生活と密着していた。

その後、鉄道・飛行機・自動車などの交通手段の変化、貿易構造の変化、人口の郊外化などの都市構造の変化などによって、港が人々の生活から遠のき、港に対する意識が弱まってきたのは事実である。

しかし、地方の経済や文化の基盤として港が大きなポジションを占めている都市も多くある。函館や小樽、釧路は今でも水産資源の集散地として港が経済的にも大きな役割を果たしており、観光資源としても港のポジションが大きい。

巨大都市への人口、経済、情報の集中には限界が来ており、大量生産・大量消費にも見直しが求められている昨今、地方の港町を国際化などの新しい視点から改めて見直し、今後の大きな方向性を考える必要がある。

このことは日本の大きな課題の一つになっている地域活性化やまちづくりにも大いに関係がある。特に、そのモデルとして焦点を当てる函館や小樽、釧路はこれまでも経済的、産業的に港湾によって支えられてきたし、文化的に見ても港との関係の強い地域である。函館はこれまで新幹線の開通に向けてまちづくりを考えてきたが、これからはポスト新幹線の新しい戦略的ビジョンが必要である。その際、大型客船の受け入れや外国人観光客の誘致を含めて港との関連による新しいまちづくりが求められる。また、小樽の運河保存や釧路のウォーターフロントの開発は市民が中心となって進めたという点で画期的なモデルであったが、それはまだ完成したものとはいえず、課題も残されている。将来の北方領土の返還も視野に入れつつ国際的港町文化の再構築が必要となっている。

そこで、本書では、函館、小樽、釧路の港に焦点を当てながら、その歴史・産業・文化などの過去と現在をまちづくりの視点から総合的にとらえるとともに、「新しい港町文化とまちづくり」の手掛かりについて考えたい。

このテーマはまだ十分議論されていないため、必ずしも定説がないところであるが、だからこそ、自由な立場で問題提起できると思われる。また、まちづくりを新しい視点からとらえるために、地域に対する思い入れの強い様々な分野の方々に登場願い、議論のきっかけづくりをしたい。

目次

第1章　新しい視点からみる港町文化

鈴木克也
（エコハ出版代表）

港町の形成

日本はまわりを海に囲まれていることもあり、物資の流通や人々の交易は港を通して行われてきた。自然の恵みとしての海の幸も港からあげられてきた。まちは港を中心にして広がり、人々の生活は海と密接に関連してきた。

筆者（鈴木）は二〇〇〇～二〇一〇年に公立はこだて未来大学教授として函館で勤務していた際、学生と共に地域活性化のための活動を行ったが、このまちにとって港が非常に重要な位置を占めていると痛感した。私は以前から司

CD-ROM『高田屋嘉兵衛のすべて』

馬遼太郎の大ファンであるが『菜の花の沖』の主人である高田屋嘉兵衛が函館のまちをつくった恩人であること、江戸時中期に既に近代的精神をもった海の男であったこと等から、彼を函館活性化の精神的シンボルとすればよいと考え、学生と共に「高田屋嘉兵衛のすべて」というCD－ROMをつくった。その内容の一部を紹介しながら港町文化について考えたい。

在方の文化・浦方の文化

司馬遼太郎の歴史観によると、室町時代から日本各地で商品経済が広がり、高田屋嘉兵衛が活躍する江戸時代中期にはその最盛期を迎えていた。その頃の日本社会は封建制度のもとで閉鎖的で固定的な体制のように言われているが、それは米作を中心とする農本主義と官僚化した武士社会のことである。この象徴を「在方の文化」と呼び、確かに日本文化の主流であった。

しかし他方では、商品経済がもたらした港町を中心とする「浦方の文化」があり、そこでは比較的開放的で、流動的な文化が形成されていた。

図表1-1　高田屋嘉兵衛の略歴

1769 年	淡路島で誕生
1781 年	和田家で商売の手伝い
1790 年	樽廻船の水主（堺屋喜兵衛の世話）
1792 年	菱垣回船船頭（北風家の支援）
1796 年	辰悦丸で箱館へ
1798 年	箱館支店（金兵衛総支配人）
1800 年	択捉 17ヶ所に漁場を開く（近藤重蔵の支援）
1812 年	ジアナ号に補足（ゴローニン事件）
1818 年	故郷に帰る
1827 年	永眠（59 歳）
1833 年	密貿易の疑いで財産没収

（出所）CD=ROM『高田屋嘉兵衛のすべて』

高田屋嘉兵衛の生れた淡路島の都志(つし)の中でさえ、この二つの文化が併存していた。高田屋嘉兵衛はその両方の文化を身につけていたが故に、あのようにダイナミックな活躍ができたということである。そのことを模式的に示したのが図表1‐2である。

北前船

江戸時代の全国レベルでの商品経済の物流を支えたのは北前船（西廻り、東廻り）であった。その内容と寄港地の詳細は、第2章で詳述するが、高田屋嘉兵衛はこの北前船の船主として上方(京都・大坂)と北海道を結んだ大人物であった。

大型船(千石船）を四〇艘近く持ち、北海道へ（下り）は衣類、ござ、米、塩などの生活物資を、北海道から（上り）は鮭、マス、ニシン、昆布等の海産物を大量に運び寄港地では必要物資を調達、各地の特産品を積み込んだ。

図表1-2 在方の文化・裏方の文化

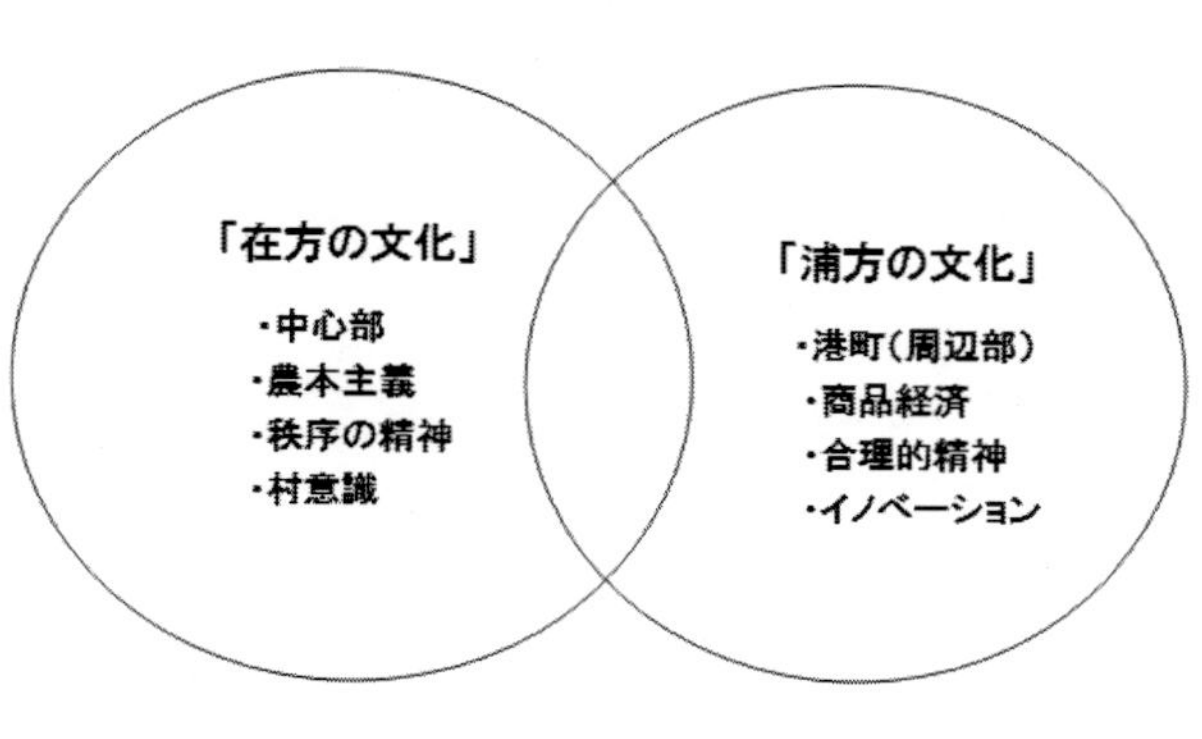

（出所）CD=ROM『高田屋嘉兵衛のすべて』

高田屋嘉兵衛による箱館のまちづくり

高田屋嘉兵衛は北海道の拠点を従来の中心地・松前ではなく、新しく箱館（現在の函館）に定めた。その後、本社も箱館に移し、ここを拠点に北洋漁場の開拓をすすめた。当時、ロシアの南下に危機感をつのらせていた幕府にとりたてられ、享和元年（一八〇一年）には定雇船頭に任命されている。漁業の拠点とするためにも箱館のまちづくりに積極的に取り組んだ。造船はもちろん、開墾、養殖、埋立、福祉事業、道路の改修など、まさに、現在の函館の基礎を築いたと言ってもよい。

図表 1-3 嘉兵衛による箱館のまちづくり

1799 年	箱根大野町に支店を設け、総支配人に弟の高田屋金兵衛をおく。
1801 年	嘉兵衛の代人高田屋金兵衛に箱館（宝来町、恵比寿町）の湿地5万坪の埋め立てを許可する。
1804 年	幕府は箱館の地先（舟場町）浅瀬を埋め立て、新地 2, 172 坪の筑島を完成。嘉兵衛の請願で隣接地 825 坪を埋め立て、船作場（造船所）を開く。
1806 年	箱館大火、御番所、寺院、土蔵などことごとく焼失。高田屋は米、銭、古着を配り長屋を建てて救済し、木材を津軽、秋田から仕入れ、元値で販売する。また箱館の水不足を補うため、実費で大阪から職人を呼び、市中9個所に彫り抜き井戸を設けた。
1809 年	高田屋金兵衛は嘉兵衛の代理で、大野村、森村への道路および松前街道（津軽半島）を改修した。

○ 開　墾	土地を開墾し、淡路から人を呼びよせ、箱館に入植させた。
○ 養　殖	箱館の港でアサリ、ハマグリを養殖
○ 埋　立	箱館の港に人工島を作り、造船所を作る。 宝来町の湿地を埋め立て市街地発展の基礎を築いた。
○ 植　林	函館山および近郊に松、杉などを植林
○ 窮民救済	箱館大火の際、窮民にお金、米、衣類を与え、長屋を建てて　入居させ、木材、日用品を原価または年賦で放出した。 市内に実費で井戸を掘り、竜吐水も寄付する。
○ 道路改修	箱館周辺の道路を実費で開削、修理する。
○ 改　善	箱館に船大工、家大工、菓子職人等の技術者を呼ぶ。

（出所）CD=ROM『高田屋嘉兵衛のすべて』

その後、ゴローニン事件とのからみで、ロシアに抑留され、日露の民間外交でのめざましい活躍は物語として有名であるが、ここではまちづくりの話にとどめる。（図表1-3）

港町の人々の気質

そうした中で培われた港町の人々の気質を集約するものとして司馬遼太郎は高田屋嘉兵衛を描いている。それを筆者（鈴木）の独断で整理すると次のようになる。

① オープン性

港は物資や人の交流拠点であり、異文化の交流の場であるため、人々の気質は開放的にならざるを得ない。固定観念だけでは異文化と接することができない。

② 合理性

異文化の切磋琢磨の中から新しいものが生まれ、それを評価したり受け入れる立場からの合理性が発生する。

③ 好奇心（新しいもの好き）

新しいものに対する好奇心が旺盛となり、色々なところで創意工夫が生れる。

④ 自立心

そもそも、海の仕事はリスクが高い。各人が自立の心とそれを発揮する場を持つような気質がある。

⑤ 勢い（ダイナミズム）

それらの結果として、まちは活力にあふれ、明るい雰囲気が生じる。

外国文化の取入れ

そのような気質があったので、北海道の函館や小樽・釧路などの港町は幕末の開国の際にも、明治維新の外国文化の流入にも余裕を持って対応できた。

それだけでなく、外国文化を自分たちの日本文化と折衷したり、融合していく知恵も発揮することができた。住居でいえば和洋折衷の建築様式がそれであるし、食文化ではカレーライス、ラーメン、すき焼き、芸術では歌謡曲等が生まれた。

このように、異文化との交流が技術や社会システムのイノベーションを生み町や地域の活力の源となった。函館における幕末から明治にかけての異国文化流入の状況については第2-2章で詳述する。

港からのかい離

しかし、戦後の高度成長期に人々の生活と意識は港から回離する傾向があった。交通手段としては、鉄道、自動車、飛行機などが発達し、船への依存度が低下してきた。

外国との貿易港としての役割は全体としては増大したが、これは主として太平洋側の大型港湾で大量の石油製品やコンテナを扱う大規模港に集中することになった。

魚や海藻などの水産物の需要は変わることはなかったが、これも大都市圏　消費地への大量流通が中心となり、その加工も

図表1-4　港殻のかい離

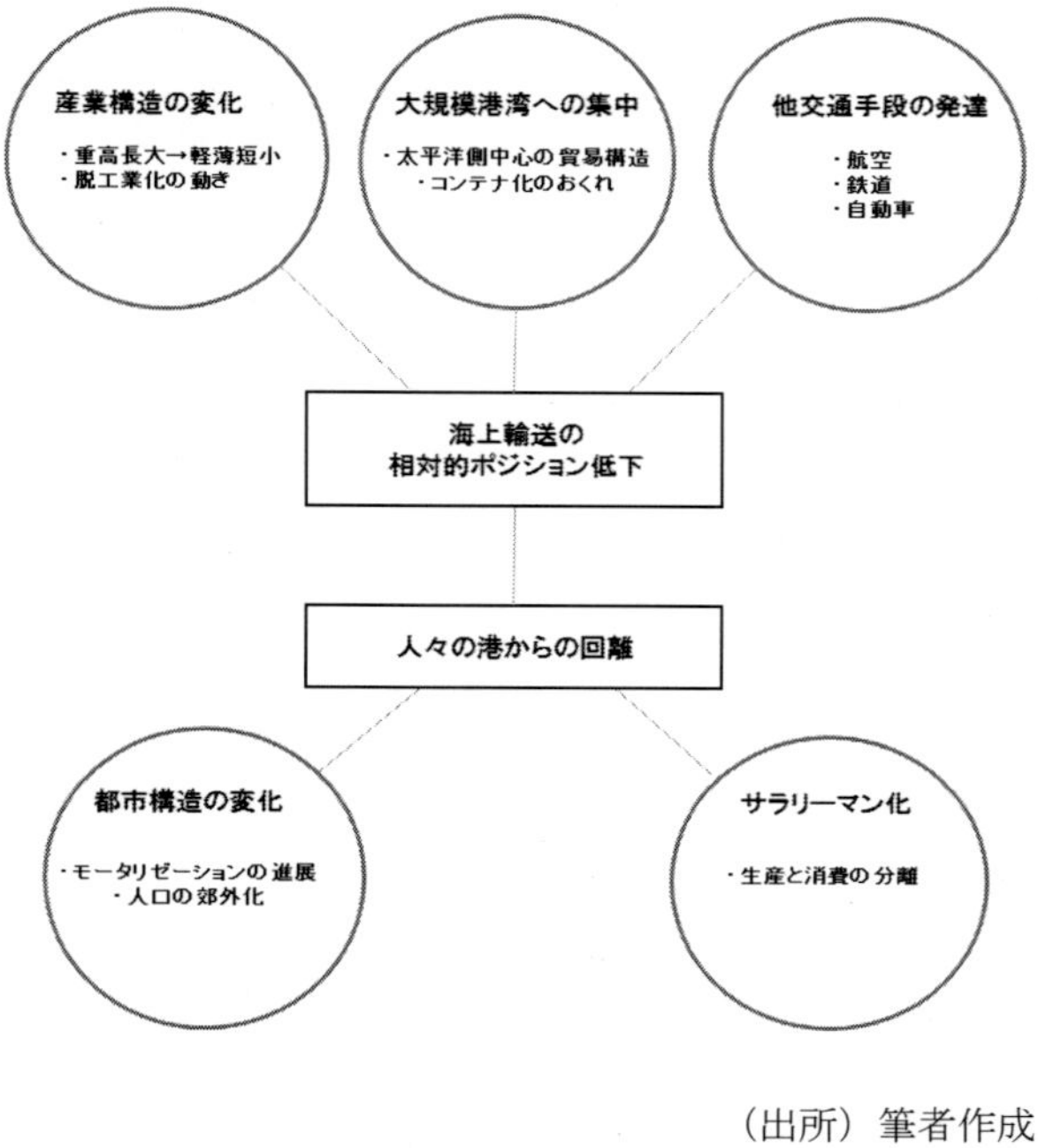

（出所）筆者作成

専門化したので、一般の人々の生活とは離れる傾向にある。意識面で大きな影響があったのはモータリゼーション進展にともなう人口の郊外化で、人々が海とかかわる機会が薄れたことであろう。

以上のような様々な理由から、人々の生活と意識が港から離れる傾向にあった。しかし、地域の活性化が大きな課題となっている今、港を新しい視点で見直す意義は大きいと思われる。

新しい港の機能

この問題を考えるにあたっては、港の機能をこれまでのように狭くとらえるのではなく地域づくりやまちづくりとも関連させて広くとらえることが必要になってきた。その点で、国土交通省港湾局が二〇〇一年に発表した「二一世紀のビジョン」は、新世紀の環境変化をとらえた港の全体的ビジョンであり、本書の視点とも共通するものがあるので筆者（鈴木）の判断で簡単に要約しておく。（注1）

① 今後もグローバリゼーションは一層進展するが、特にアジア地域の経済発展とそれに伴う対アジア輸送の重要性が高まる。

図表 1-5 港の新しい機能

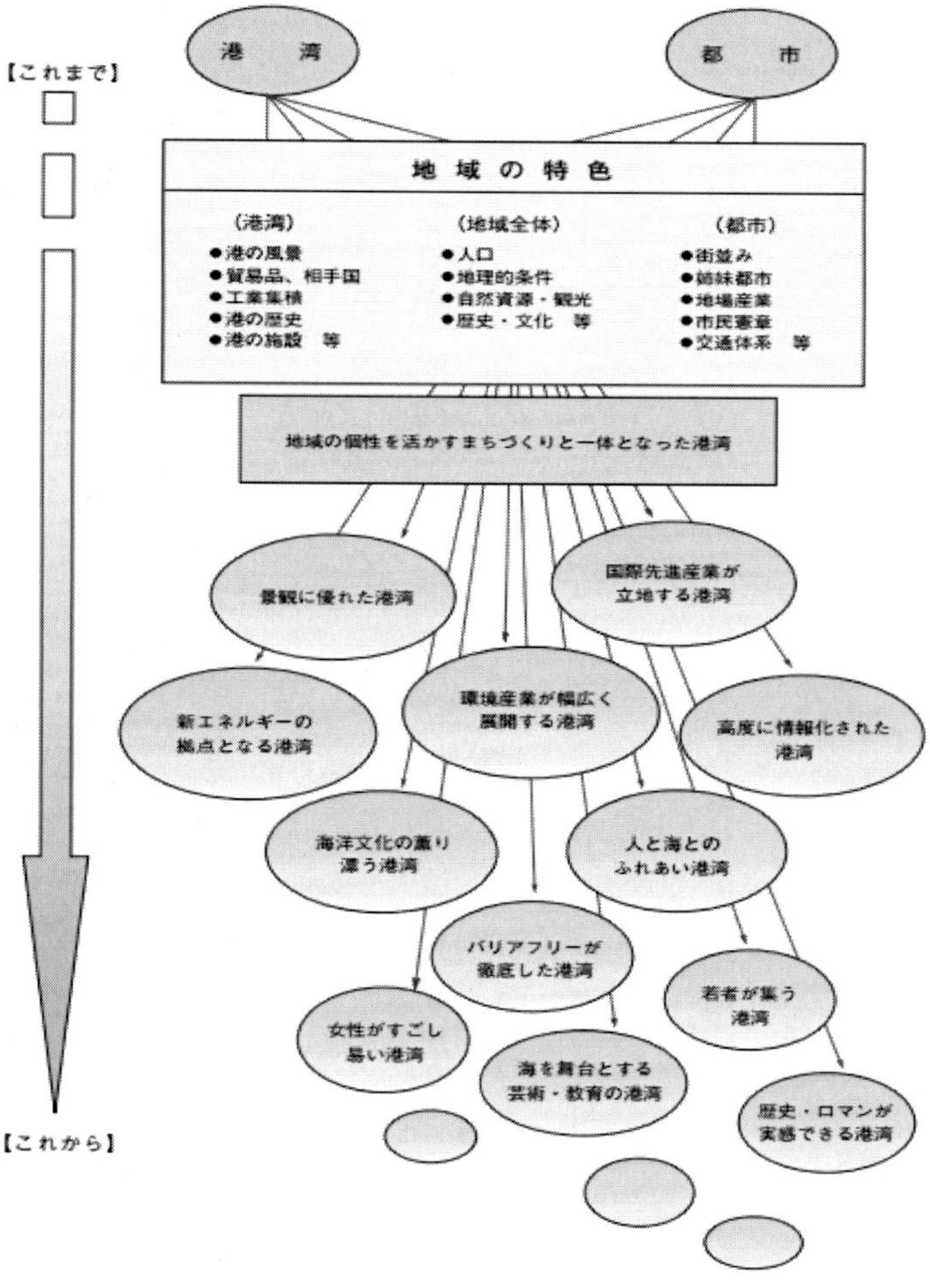

（出所）国土交通省『21 世紀の港ビジョン』

②　技術的には物流に関するＩＴ化が進み、コンテナ船をはじめとする港機能の高度化、スピード化が求められる。

港の機能は、これまでどちらかというと臨海地域の工業化を中心としてきたが、今後は港周辺地域の商業化も大きなテーマとなってくるであろう。そうなると観光客、地域住民と港の関係が接近してくる。港の持つ広々とした環境や居心地のよい空間の構築が重要なテーマとなり、港に「暮らしを支える産業、エネルギー拠点」としての機能も加わってくる。

③　大型クルーズ船着岸の増加を背景に、港が国際文化交流の拠点ともなり、市民の憩いや活動の場ともなってくる。この点で、港づくりはまちづくりとも大きく重なってくる。ビジョンでは「環境・文化・安全・安心を提供するまちづくりの一環としての港湾空間の再構成・創造」をかかげている。

④　そのためには港づくりにも市民の参加が求められ、市民の港への意識が変わることが求められる。

以上のように港を物流機能だけで見るのではなく、人の交流やそれによってもたらされる文化の交流、の場としてとらえ、それをまちづくりや地域づくりと関連させてとらえるという観点は本書全体の問題意識にも合致するものである。

第 2-1 章　北前船寄港の意義

上村栄次
（エコハ出版北海道支局）

はじめに
～「日本遺産」になった北前船寄港地

文化庁は二〇一七年四月二十八日、地域の有形、無形の文化財群に「ストーリー」を与え、地域活性化につなげる「日本遺産」に、北前船をテーマにした「荒波を超えた男達の夢が紡いだ異空間～北前船寄港地・船主集落～」（以下「北前船寄港地」）が認定した。（注1）

日本遺産への申請は、函館市、松前町（北海道）、鯵ヶ沢町・深浦町（青森県）、秋田市（秋田県）、酒田市（山形県）、新潟市・長岡市（新潟県）、加賀市（石川県）、敦賀市・南越前町（福井県）の七道県十一市町が共同で行い（「シリアル型」）、認定された。

「北前船寄港地・船主集落」は、北前船が運んだ荷物だけでなく衣食住や宗教、文化に影響を与え、功労した人物の生きざまも含め、時を重ねた現在なお人々を惹きつけてやまない『港町ストーリー』の存

（注 1）この仕組みは 2015 年に創設され、今回は 3 回目で 17 件が認定され、累計は 40 道府県の 54 件になった。

在が、日本遺産として認定されたものである。

1　北前船とは

江戸時代から明治中期にかけて、大阪を出航し、瀬戸内海、山陰、北陸、東北の日本海沿岸の「西廻り航路」で北海道（蝦夷地）を結んだ「弁財船」と呼ばれる一枚帆の大型和船をいう。

航海は春（三月下旬頃）に天下の台所・大阪を出帆し、日本海沿岸を北上し、五月頃に松前などに入り、八月下旬～十月に停泊港から南下し、秋まで（十一月下旬頃）に大阪に戻る年一往復航海がパターンであった。春は南からの風、秋からは北からの風が多くなるなど自然や季節の理にあったサイクルパターンである。当時としては荷物を安く運ぶことができた物流の大動脈であった。

北海道へ向かう「下り船」は木綿、衣料、米、酒、塩、雑貨などの西日本や北陸物資を扱い、北海道からの「上り船」はニシン粕、コンブ、サケ、木材（主に東北の）などを積み出した。

北前船の最大の交易品はニシンとコンブであった。当時、春先に大量のニシンが押

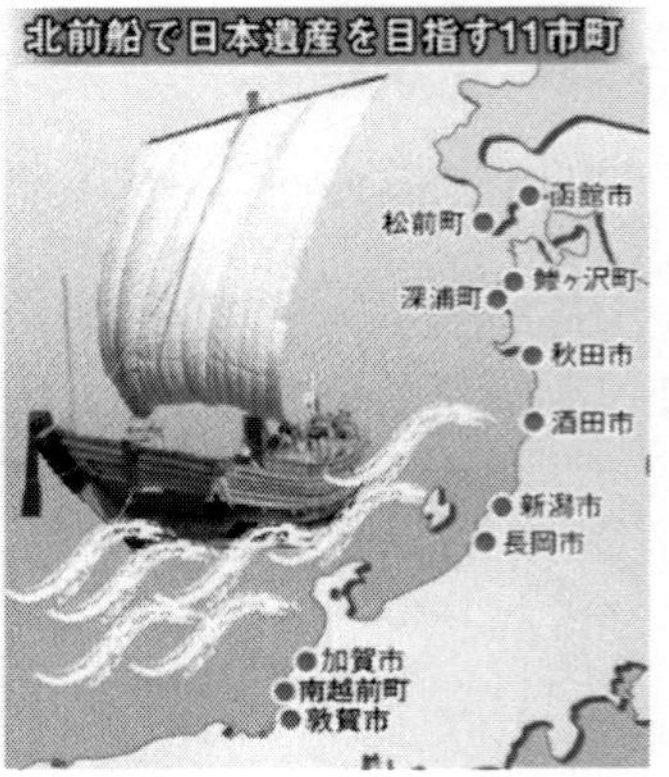

（出所）敦賀市ホームページ

し寄せた江差では、「江差の五月は江戸にも無い」と歌われたほど、ニシン漁で賑わった。北前船が大量にニシンを運び、肥料として安く使えたことが大阪の綿花、徳島の藍などの作物栽培を盛んにさせたのである。こうして北海道のニシン肥料が西日本で、育てた綿や木綿の一部は北前船によって日本海側に運ばれ、木綿を使った衣料や雑貨になり、地域の文化や暮らしを豊かにする。北前船は、この原動力、社会的基盤の一つだった。東北の一部では、春になったら決まって西の方からやって来る「春を告げる船」であった。

北前船は、出港地の物資(商品)を運ぶだけではなく、出航地で仕入れた商品を寄港地で売り、さらに仕入れて利ザヤを稼ぐ商社的な経営の「陪席船」(方法)であった。

この買積み経営は、遭難さえしなければ大変儲かる商売であった。一航海で千両の利益を上げる「千石船」と言われたり、地元では「バイ船」(倍もうかる)と呼ばれていた。

大もうけの大部分は、北海道で積み込んだ「上り船」で稼いだ。中でも大きな利益を生んだのはニシンカスである。綿花、アイ、イグサなどは稲の何倍も肥料が必要な作物である。それで、肥料となるニシン粕が引っ張りだこになったのである。

コンブも稼ぎ頭だった。コンブは国内でも消費されていたが、

北前船の主な交易品	
本州から蝦夷地へ(移入品)	米、糀、酒、古着、布、糸、鍋、鎌、まさかり、鉈、塩、キセル、煙草、陶器など
蝦夷地から本州へ(移出品)	干鮭、鰊(にしん)、昆布、串貝、魚油、オットセイ、熊皮、鷹、ラッコ皮、蝦夷錦など

(出所)函館建設開発部「高田屋嘉兵衛が築いた街と港の歩み」

中国では薬草であり、中国への主要な輸出品でもあった。

北前船は目的地まで荷を運ぶだけの運搬船（運賃積船）と違って、『動く総合商社』の買積船である北前船は動き回るほど稼ぎも増えた。

それだけに船主、船頭の商才・情報力がものをいう。

航海する船の最高支配者は「船頭」であり、船主が船頭を兼ねる自乗船頭もいたが、『本店経営』をしなければならないので、傭船頭に依頼することになる。船頭は船主に代わって買積みをする商人的な才覚も必要とされた。買積経営で高い利益を上げるためには、いかに安く仕入れ、いかに高く売るかということが重要である。現代のような情報媒体がないので、実際の取引を行う上で各船の船頭には一定程度の裁量権が付与されていた。

実際、船頭は六月～九月頃まで停泊する松前をはじめとした北海道の港町で、船頭同志や問屋と交流し、産地状況や本州の市況などの情報交換をし、情報を船主に伝えたり、裁量権内での『即断商い』を行っていたことが、残されていた書状などで示されている。

船頭は、商才だけでなく、人間力で情報ネットワークをつくり、この中で文化交流の担い手にもなっていた。例えば地元が生んだプロ民謡歌手の木村香澄氏は「江差追分は信馬子唄が越後に伝えられ、北前船の船頭さんに歌い継がれました」と語る。（注

2.)
船頭は、「豊穣船頭」とも言われ、船主とともに北前船『時代』のキーパーソンだった。

北前船には、船頭を頂点に、表、片表、知工、親仁（親父）、若衆、炊きあがり、といった乗組員がいた。その人々の心意気と北前船の活躍をイメージできる演歌があるが、ここでは「板子一枚下は地獄」の海に生きる男と、港に待つ女の情景を知ることができる。（注3）

北前船には、『信用』が土台の情報ネットワークがあった。北前船の情報の担い手は、船主、船頭、廻船問屋であった。

情報の伝達は、「飛脚」と「幸便」と呼ばれる通信手段があった。幸便とは、例えば先に出航する船、他の船頭や商人が派遣する飛脚に便乗する方法である。実際にはこの二つの手段を上手く組み合わせて連絡をとっていた。

通信内容は、その時々の各地の相場状況であったり、どの時機が利する良いタイミングかなどの情報。ここで重要なのは信頼性であり、他の人に任せても秘匿性が保たれ、届けられる。このネットワークはそれなりの信用関係があってこそ成り立つものである。

一枚帆と商才、人間力、情報力で日本海路を切り開いた北前船の男たちは、各地で財をなし、文化を伝幡し、或いは男と女の機微の情景とともに、今なお日本海側各地

（注２）第十八回北前船寄港地フォーラム・江差
（注３）例えば「ああ北前船」（三波春夫）

の港町の経済・文化・生活の根底に脈々と息づいている。

北前船によるヒト・モノ・カネ・情報の交流により、オープンで合理的精神が生まれ、現在まで続く「港町文化」の原点となり、今日のまちづくりの土台ともっている。

演歌 「ああ北前船」

男命の 北前船は
宝運びの 心意気心意気よ
海が時化(しけ)たと弱音を吐くな
沖のかもめが笑うじゃないか
風は追風 帆をまき上げろ
屋号染め抜く ソレソレソレ 自慢船

春の海ゆく 北前船は
歌が流れて 帆が揺れる揺れるよ
ハイヤ節でも 越後へ来れば
あの娘見染めておけさに変る
信濃追分 港で仕入れ
江差松前 ソレソレソレ 蔵が建つ

冬の海ゆく 北前船は
可愛い女子(おなご)も 乗せられぬ乗せられぬ
お主ア東か儂(わし)ア西廻り
北の海幸 南へ運びゃ
やがて 花咲く嬉しい春だ
おっと ドッコイ ソレソレソレ 面舵よ

2　北前船の寄港地

北前船の寄港地は、九〇前後の数があるとされている。

寄港地は、北海道から山陰地域にかけての日本海沿岸から瀬戸内海岸、関西地域（大阪）に分布している。寄港地の歴史や特徴は、多くの先生達の著書により紹介されているので、本文は、先に述べた「日本遺産」にふれながら、現在の各地の状況を中心に記すことにする。

図表2―1　北前船の寄港地

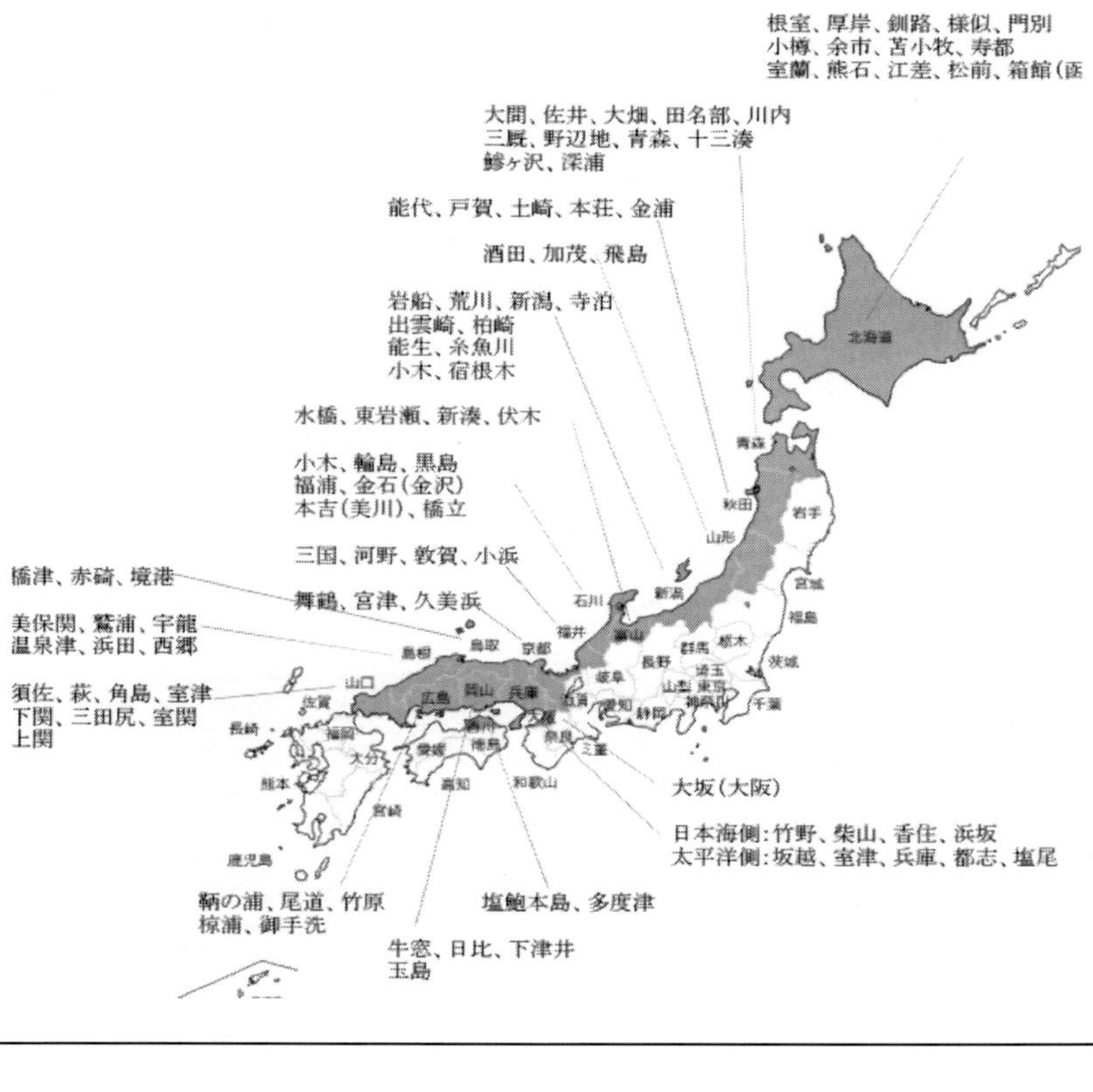

松前

北前船は、風待ちに適した比較的高い山を背景にした港を寄港地としてきた。日本遺産に認定されたストーリーの文脈となる『山を風景の一部に取り込む港町が・・・』の風景と空間は「松前屏風（写真）」が現代によみがえらせてくれる。

大まかな北前船の航海は、春に大阪から北上し、松前や蝦夷地の港に入り、初秋に大阪に向けて南下した。だから夏の間は多くの北前船が松前、蝦夷地に停泊していた。この間も、船頭たちは、下り荷の売却と上り荷の買い付け、積入を行っていた。

松前は、北海道唯一の城下ということもあり、近江商人を中心に活発な商いがされ、運ばれた石材は町内寺社に使われ、北前船の足跡がある。

町内に、道の駅「北前船松前」がある。道の駅から東に見える「松前港福山波止場の」石垣状の埠頭には、北前船にバラスト（バランスをとるおもり）として積まれていた御影石の脊柱や船止め用の杭ものこされており、土木学会の歴史遺産にも認定されている。

松前屏風

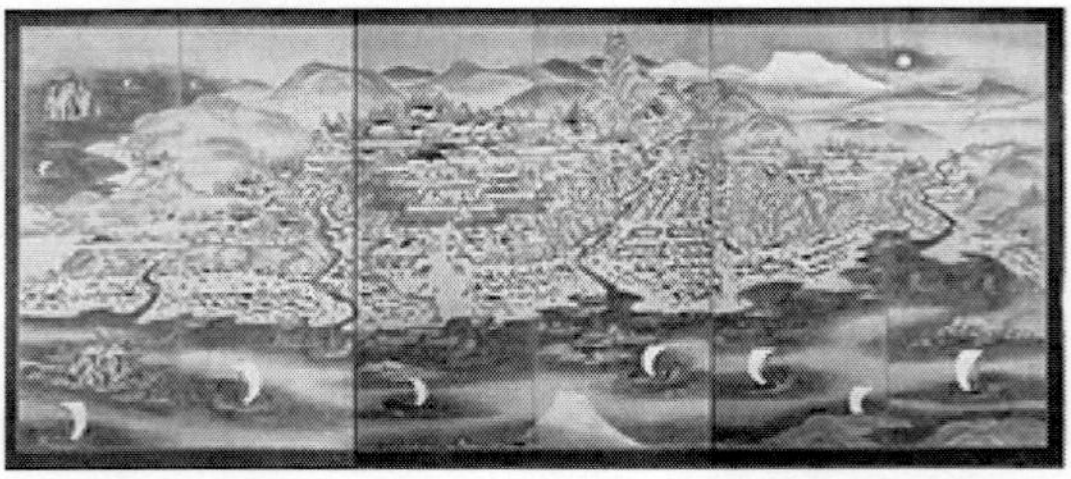

（出所）松前屏風文化遺産ホームページ

箱館(現函館)

函館市は、北前船とともに来た高田屋嘉兵衛を抜きに語れない。高田屋嘉兵衛は、一七九六年(寛政八年)辰悦丸で木綿、酒、塩等を仕入れて、箱館(函館)、松前に来て、交易を始め、幕府の信頼も得て、エトロフ航路を開発して漁場一七カ所を開き交易を拡大し、膨大な収益を得た。

また箱館では、造船、埋立、養殖、植林、道路改修等の事業を実施した。箱館の人口も増加して、活気ある町の基礎をつくるという功績を残した。毎年七月末に「高田屋嘉兵衛まつり」が行なわれている。

「日本遺産」の函館のストーリー構成文化財として次の五件が、位置づけされている。

☆高田屋屋敷跡

財をなした高田屋は函館に屋敷を構え、蝦夷地の拠点としていた。

☆高田屋本店跡

北前船が着く港には、高田屋の本店が置かれ、様々な物資の取引がされていた。

高田屋嘉兵衛像

☆函館山

北前船の船乗り達が、出港前に日和をみた場所となっていた。

☆箱館奉行所跡

北前船で運ばれたとされる笏谷石が礎石に使われていた奉行所で、五稜郭公園内にある。

☆厳島神社

参道には加賀橋立の北前船主たちが寄進した鳥居がある。

函館市街から車で約四〇分、太平洋に面した南茅部は『コンブの里』で、コンブはニシンとともに最大の交易品として近江商人により北前船で運ばれ、沖縄や中国にも渡り、その航路は「コンブロード」と呼ばれた。北前船は日本のコンブ食文化を育てた立役者である。

江差

松前、函館に近い江差も北前船ゆかりの港町である。

江差町は北前船の往来によって関西文化の流れをひく文化（建造物、神社、芸能）を生み、大切に育てているまちである。今なお健在の国の重要文化財「旧中村家住宅」は、近江商人の大橋宇兵衛が江戸時代の終わり頃に建てたもので、北海道指定文化財の山車「松寶丸」を作った近江屋利兵衛も近江商人で、今なお十三台のだしが練り歩く北海道内屈指の祭「江差・姥神大神宮御渡祭」で活躍している。祭の調べは、祇園囃子で、北前船とともに町の繁栄を盛り上げたニシン景気を現代に伝えている。

北前船とともに歌い継がれてきた江差追分は、「まちの宝」、「地域資源」（照井誉之助町長）として「江差追分をみんなで親もう条例」を制定し、町内が一丸となって普及と保存伝承に努め、まちづくり推進の柱の一つとしている。町の観光行政を担う町役場の課の名称は、「追分観光課」である。チョット艶っぽいあでやかな「江差三下がり」は、北前船とともに渡ってきた追分が、三下りとして浜小屋や茶屋の女性たちによって、遊里や宴席で唄われたものである。優雅な恋路の踊り

江差海の駅

（出所）江刺観光協会

が振り付けられ、明治の頃から町人風の着流しと島田の芸妓を模した道行姿の粋な踊りとして伝承され、北海道指定無形民俗文化財として生きている。

江差には量、器、芸能などに関する史料が大量に残されている。こうしたニシンを中心とした北前船の時代を今に残すレトロな町として愛される江差町は、町申請の『地域型』の日本遺産として、「江差の五月は江戸にもないーニシン繁栄が息づく町ー」が認定された。（注４）

江差のストーリーとして、ニシン漁とその交易で、近江商人や各地から集まった人々によって残された暖簾、看板、壁さらには祭り・行事芸能などにも独特の趣がある。

江差の風景

江戸末期（保存）

明治中期～大正時代（再現）

大正末期（修復保全）

（注４）文化庁によって 2,016 年、「北前船寄港地」」と並んで指定された。

鰺ヶ沢町・深浦町（青森県）

当時、この地域を支配していた津軽藩は、日本海運の拠点を鰺ヶ沢に置き、津軽の海の玄関として北前船（西廻り航路）の寄港地として賑わった。一六七五（延宝三）年の「鰺ヶ沢港船着岸控」には「商船七十艘、御役船六十艘、合わせて百三十艘」と、往来の盛んだった様子が記されている。大阪を出た北前船によって、瀬戸内や北陸の日用品が陸揚げされ、大阪・京の文化が港を介してもたらされた。藩の蔵米は鰺ヶ沢で積み出し、大阪地方に送られた。全国の北前船主から信仰を集めた「白八幡宮」には幕末まで常夜灯があり、二基の御神灯は、大坂茨木屋と酒田伊勢屋らの商人が寄進し、御影石の玉垣には、弁財船の拠点の讃岐の「飽」の文字があり、北前船を描いた船絵馬などが本殿に多く掲げられている。

鰺ヶ沢町は、「北前船で町おこし」を目指している。「日本海拠点館・あじがさわ」には、全国で数点しかない北前船を描いた「鰺ヶ沢湊図」の緞帳があり、三階には北前船の模型を展示している。港を一望できる城跡の天童山公園に、幕末まで白八幡宮にあった木製の常夜灯が復元されている。

常夜灯は、北前船の燈台であった。

海の駅れんど

横道になるが、石川県珠州市の「禄剛埼灯台」は『北前船への狼煙、今に』ということで、日本経済新聞土曜日版の読者アンケートによる「何でもランキング」で第五位になっていた（二〇一七年四月二十二日）。「狼煙がたかれ、北前船の海運のための灯明台が置かれていた」と紹介している。

常夜灯（燈台）も海の動脈をつくった北前船の歴史的意義（遺産）である。

加賀市（石川県／北陸）

加賀市には、橋立、塩屋、瀬越の北前船の三大基地があった。そのような事情から北前船に対する思い入れが深く橋立町は「北前船の里」として誇りを持ち、まち並み全体の保存と価値を高める取り組みをしている。橋立には「北前船の里資料館」がある。

加賀「船主集落」も入った日本遺産が認定されたのを受け、宮本陸市長は「北前船の里資料館」で記者会見を開き、「日本海は重要なネットワークであり、決して『裏日本』ではなかった。日本遺産認定をきっかけに、関係市町でスクラムを組み、人と物が行き交う回廊へと発展させたい」と力を込めた（四月二十九日読売新聞）。

船主集落がある地区は、「加賀橋立」として国重要伝統的建造物保存地区に指定されており、北前船の船主・船頭等の豪壮な屋敷をはじめ、江戸末から明治初期の集落の基本構成が、今も変わらずに残されている。

橋立には、平出、西出、広海など四二名もの多くの北前船主がいて、かつて『日本一の富豪村』と呼ばれていた。

北前船で商才を磨いた船主たちは明治以降、その財を独占することなく、積極的に地元に還元し、銀行、保険、インフラなど様々な分野に投資し、日本経済の発展に寄与している。

例えば、函館銀行（平出、西出）、八十四銀行（久保）、日本海上火災保険（広海、西谷、大家、久保、浜中）、日露漁業（平出、西出、久保）、大阪ガス（大家）などである。　また、北前船の里案内板は「最大の遺産・・・困難を恐れず積極敢為の北前魂の育成」と刻んでいる。

北前船記念館

（出所）記念館ホームページ

大坂・淡路島（関西地域）

関西地域は、北前船誕生の地である。この地域は、北前船を育てた商人の出身地（居住地）にヒストリーを残している。

彦根市や近江八幡市には、商人家、土蔵、神社などがあり、伊藤家、藤野家、西川家などの屋敷がある。伊藤家は今の伊藤忠商事、総合商社丸紅の創始者である。

大阪市は、北前船の起点であり、大多数の北前船の荷揚げ、係留に安全な航行を確保する河川を必要とした。天保山は日本一標高の低い山（四・三五ｍ）として有名だが、その河川のための川底の掘削土砂を積み上げたものである。

淡路島は、函館の大恩人の高田屋嘉兵衛の生誕の地である。嘉兵衛の墓、高田屋顕彰館、歴史文化資料館（菜の花ホール）が功徳を残してくれている。嘉兵衛が建造した北前船「辰悦丸」が昭和六十一年に復元され、淡路ワールドパークＯＮＯＫＯＲＯに展示されている。

高田屋嘉平衛記念資料館

（出所）同記念資料館
ホームページ

3　北前船寄港地フォーラム

北前船の歴史を現在から未来につなげるため、毎年、北前船寄港地フォーラムが開催されている。

北前船寄港地フォーラム公式サイトによると、「フォーラムの開催は、元秋田公立美術短期大学　石川好学長の『北前船コリドール構想』に賛同された多くの皆さんのご支援により開催されています」、「コリドールとは、人と物が行き交う通路・大通り・回廊を意味し、かつて日本海側が栄えた『北前船寄港地』ルートを点から面へ、回廊として発展させようとするものです」としている。

議長は、石川好さんで、民間レベルで開催される国内最高級のフォーラムとして、二〇〇七年の第一回から、昨年の江差町での一八回を重ねている。

1酒田市　2.にかほ市　3.男鹿市　4.松前町　5.新潟市　6.佐渡市　7.青森市

8.鯵ヶ沢町・深浦町　9.函館市　10.長岡市　11.酒田市（庄内）　12.男鹿市

江差フォーラムのチラシ

（出所）北前船寄港地フォーラム実行委員会

13.新潟市　14.秋田市　15.宮津市・京都市　16.大阪市　17.加賀市　18.江差町

全国から観光、文化、運輸、商工などの関係者が集まり、講演やパネルディスカッション、現地視察を通じて、交流と寄港地間の連携が深まるとともに、主要な鉄道、航空会社、観光団体、国土交通省の職員・幹部が一堂に会する発信力の高いフォーラムとして認知されている。

昨年（平成二十八）年十一月十一日「第十八回北前船寄港地フォーラムｉｎ北海道江差」が開催された。「日本の浪漫　北前船が北海道新幹線で甦る～今こそ繋ごう観光の絆と言う地方創生時代」というテーマのもと、秋田や山形、加賀市、遠くは鳥取市、赤穂市、そして、次回開催地の兵庫県洲本市など全国の観光や自治体関係者やＪＲ北海道、ＪＡＬ・ＡＮＡなどの交通関係者、町民など約六〇〇人が参加した。来賓に、観光庁長官なども臨席し、挨拶をした。

実行委員会を代表して、照井誉之助江差町長は「道民待望の北海道新幹線が開業した記念の年に江差町で開催されることに大きな喜びを感じる」と主催者挨拶をし、石川好フォーラム議長が「北前船フォーラム江差開催の意義について」と題し、開会挨拶をした。

基調講演をしたＪＲ北海道の島田修社長が、「半年前の新幹線開業により、鉄道利用者が大きく増えた。今後は、広域的な連携や航空機などの組み合わせによる新たな商品開発に取り組みたい。新幹線が『現代の北前船』の役割を担い、道内と本州を結び、観光、経済、文化を繋ぐ太い幹となれるように努めたい」と意欲を述べた。

パネル討論は、コーディネーターの国交省鉄道局長を中心にして「北前船と江差文化を語る」と「道南の文化遺産と観光資源の輝かせ方」をテーマに、計七名のパネラーで行なわれた。各パネラーはそれぞれの分野や活動から、「体験と感動の提供を目指す」、「恋されるマチになろう」、「江差追分　身近に感じて・・・ただ待っていても人は来てくれない。地元から発信しなければと考え、ギターやピアノに合わせて歌い、追分を身近に感じてもらいたい活動をしている」、「能登空港では周辺各地とを結ぶ乗り合いジャンボタクシーが、料金九〇〇～二〇〇〇円程度とバス並みで運行されている。二次交通整備は、欠かせられない」、「その瞬間しか接することが無いかも知れない観光客にどれだけ感動してもらえるか、もてなしの心を意識して」、「年間約四九〇万人の観光客が訪れる魅力度ランキング一位の函館を中心とした観光を展開することが重要であり、地域市町との連携も大切」、「田んぼを見て感動したり、外国の方が日本のどこに興味を持つのか、本当に解らない。かつて農家が住んでいた建物が見直され、泊まってみたいというニーズも増えている。今まで資源と思っていなかった物をどう生

北前船寄港地フォーラム in 江刺の風景

（出所）北海道新聞

かすのかが重要。江差にもある古民家の活用に政府としても関心がある。古民家の活用 支援したい」、など活発なディスカッションがされた。

フォーラムでは、北前船が運んだ郷土芸能の公演も行なわれ、北前船寄港地や江差町近隣自治体の物産展も行なわれ、全国から集まった自治体・観光関係者や町民が交流の活発化や北前船への新たなおもいなどを確認し合った。

フォーラムの次期開催地は、兵庫県洲本市（淡路島）。これに加え、岡山市、鳥取市での開催のリレーも決定されている。

このフォーラムは、北前船がもたらした文化資源を探し出し、地域間の連携拡大を促すことにより、北前船航路上の港町地域（市町）を活性化するための「社会的インフラ」になっていると考えられる。

4 今後へのメッセージ

北前船の歴史的な意義をレビューすると、改めて「地方の経済や文化の基盤として港が大きなポジションを占めている」ことが再確認できる。この港を単に北前船を受け入れる基地としてだけではなく、人々の『人生航海』を受け入れ、豊かな芸能をつくり、その土地に合ったコミュニティを形成してきた。『港町文化』がフィードバックされることによって、港そのものや地域経済を元気にしてきた。
かの司馬遼太郎も次のように記している。
―「江戸時代の経済を支えていたのは、港町文化だった」―と。

その後、社会経済の変化、交通手段の変革、都市構造の変化が重なり、港の位置づけは変わったが、今では港が世界への窓口となり、世界の物流機能で大きな役割を果たしている。また、港は物流の機能だけではなく、ヒト・モノ・情報・文化の交流拠点となっており、観光やまちづくりの拠点としても有効活用されるべきである。
そのようなことを考えるにあたっても、北前船時代から続いているオープンで、好奇心が強く、活発な「港町文化」が大きな力になるものと思われる。
例えば、近年、大型クルーズ船の多くなっている函館では、私立女子遺愛高等学校の生徒が外人客への通訳ボランティアや学校に招いての茶道などのもてなしは観光をはじめ、国内外関係者に高く評価されている。（注5）
元気な、オープンな雰囲気は函館独特のものであり、将来に希望をつなげてくれている。

第 2-2 章　開国と異国文化の受入れ

編集部

開国前史

幕末における日本の開国は米国ペリーの来航がきっかけであったといわれているが、それより約七〇年前の一九七二年に、ロシアのラックスマンがエカテリーナ号に乗って北海道・根室に来航している。このときは伊勢（三重県）の船頭大黒屋光太夫ら三人の漂流者を引き渡し、日本の開国を迫っている。（注１）

慌てた幕府は一行を箱館（現函館）経由で陸路松前まで誘導し、そこで長崎まで行くように告げる。結局この交渉は実らず開国は先延ばしになったが、これをきっかけに幕府はにわかに蝦夷地（北海道）に関心を向けるようになる。

（注１）大黒屋光太夫の漂流、ロシア横断、日本への帰国については井上泰の『おろしゃ国酔夢』に詳しい。

エカテリーナ号

（出所）『幕末・名刺の国際都市ハコダテ』

この頃、伊能忠敬や間宮林蔵が蝦夷地を探検し、地図をつくっている。間宮林蔵は幕府の命により、樺太（サハリン）を探検し、樺太が半島ではなく島であることを発見し間宮海峡を見つけている。それとの関連で、幕府は淡路島（兵庫県）出身の高田屋嘉兵衛が箱館を拠点に北洋の開拓をする後押しをしている。その時、ゴローニン事件との関りで嘉兵衛がロシアに連行され、日露の外交交渉が行われた話は司馬遼太郎の『菜の花の沖』で有名である。（第1.章参照）

ペリーの箱館来航

一八五四年、ペリーが浦賀に現れ、幕府に開国を迫った後、翌年には日米和親条約により、下田と箱館の二港の開港が認められた。この開港は食料・燃料の補給と人命救助を中心とした限定的なものであったため「小開港」と呼ばれている。

その時、ペリーは軍艦ポーハタン号を旗艦とする五隻で箱館を訪れている。その時の箱館住民の緊張感と、その後しばらくして異国人に打ち解けていく様子は面白い。

箱館来航のエピソードとして、箱館港の水深調査、海岸でのバザーの開催、水兵の埋葬などについては、前著『地域における国際化』の中でも紹介したが、ここでは上

ペリーが乗ってきたポーハタン号

（出所）ウィキペディア

陸した水兵達が洗濯をした下着を甲板の上に万国旗のように干したという話もある。

異国文化の流入

その後、アメリカ総領事のハリスが下田に来て、日米修好条約が結ばれ、一八五九年、神奈川（横浜）長崎、箱館を自由港とした。その後、兵庫（神戸）新潟が加わり、この五港が米、蘭、露、英、仏の五ヶ国と条約を結んだ。（「五ヶ国条約」）この時の開港は貿易も含む本格的なものだったので「大開港」と呼ばれている。

これらの幕府の決定に対しては、「尊皇攘夷」の運動が起こり、それが倒幕につながるという緊迫した状勢となるのであるが、北海道の箱館は各国の「国際交流の場」となり、異国文化がどっと流入してきた。

領事館

開港とともに各国の領事館が設置され、個性を持った領事たちが盛んに活動を始めた。当然各国の権益のための使命を持っていたと思われるが、人間としてみるとなかなか興味のある人物であった。

アメリカの**ライス**は貿易事務官と兼務であったが、牛乳を飲みたい、牛肉を食べたい、女性を紹介せよ等、我儘な振る舞いをしたが、アメリカ文化を気軽に伝えた好ましい人物であった。

ロシアの**ゴシケヴィッチ**は軍艦で家族五人と一緒に来日し、ハリストス正教会やロシア病院開設に尽力した。

イギリスの**ホジソン**はユニオンジャックの旗を掲げ、大げさに登場した。彼は怒りっぽく、酒ぐせが悪いとも言われていたが、ロシアへの警戒など国益のために尽力した。一時フランスの領事も兼ねていた。

フランスの**カション**は宣教師でもあり、カトリック教会を建設し、栗本鋤雲らとの交流で有名である。

キリスト教

箱館開港で各国の領事館が設立されたが、それと並んでキリスト教が持ち込まれ、文化的に大きな影響を与えた。特にロシアは実行寺に領事館を置くとともに境内に要塞を建てた。これが日本における最初の協会設立であったと言われる。

ハリストス正教会（初代）

（出所）函館市立図書館

そこに**ニコライ**が赴任し、以後五〇年にわたり、ロシア語教育を土台にして、全国的なハリストス正教会の布教を行った。

その後、カトリック教会、ヨハネ教会(イギリス国教会)、プロテスタント教会なども進出してきた。

フランスは宣教師**カション**が公使を兼ね、栗本鋤雲らとともに病院建設計画や鉄工所建設（横須賀造船所）などにもかかわった。

また、少し後になるが、一八九六年には日本で初めての男子修道院のトラピスト修道院が、一八九八年には女子修道院のトラピスチヌ修道院が開設された。また、キリスト教関係の教育機関として一八八二年に「カロライン・ライト・メモリアル・スクール」（現在の居合学院）設立されるなど、キリスト教が文化に与えた影響は大きかった。

近代科学・近代教育

開港は近代的科学技術の導入にも大きな役割を果たした。

植物学者**ブラキストン**、地震学者**ジョンミルン**、考古学者**モース**などが函館を中心に活動した。特にブラキストンは植物学者としてブラキストンラインを発見し、ビジネスマンとして製材所を作った。今の海岸線に大邸宅を構え、外国人の迎賓館のような役割を果たして盛んに交流をした。

日本の優秀な科学者**武田斐三郎**は、日本のダ・ビンチと呼ばれるほどの多彩な能力を持つ人物で、台場の建築、五稜郭の建築、製鉄所の実験なども手掛けた。特筆すべきは「箱館諸術調所」を元町に開設し、近代教育の基を開いた点である。そこでは、蘭学はもとより、航海、測量、砲術、造船、建築などの総合的な近代教育を始めた。そこには全国から才人が集まった。明治になって活躍する山尾康一（後の宮中顧問）、前島蜜（郵便制度創設者）、井上勝（鉄道制度創設）、蛯子末次郎（航海術）、今井兼輔（海軍大臣）、水野行敏（内務省）などそうそうたる人材を輩出した。しかし、この組織の推進者は武田斐三郎だけだったので、彼が江戸の開成所（後の東京大学）に移籍してからは自然消滅したのは惜しまれる。

箱館諸術調所の史跡

異色な人物であった**栗本鋤雲**はフランスの宣教師カションと協力して、「箱館医学所」を計画した。この計画はロシアが先に病院をつくったために実現しなかった。

また、ロシアの水兵から教えられた写真技術、西洋艦から学んだストーブ、そして近代造船技術についても外国船から学んだ。造船の重要性は幕府も十分認識しており、**続豊治**らは外国船をしきりに訪れ造船技術を学んだ。その結果、日本人の手による西洋館として「函館丸」も建造し、その後の造船業の発展に寄与した。函館の造船業の基礎を築いた。

洋風生活様式の流入

開港によって洋楽、洋風建築、洋食などの生活様式もどっと流入してくる。

洋楽については、ペリーの軍艦から音楽が聞こえてきたし、二人の水兵の葬儀には音楽隊が先導している。ロシア正教会の聖堂では、ミサ曲が歌われていたし、後には日本語訳のミサを信者達が歌っていたという。箱館は西洋音楽の先進地でもあった。

写真についてはペリー艦隊の中に写真師ブラウンが同行して

箱館丸

おり、それに興味を持った木津達吉が写真館を開始した。また、ロシア人から写真技術を学んだ田本研造らが北海道に写真技術を普及した。

建築様式にも、はじめは教会から、後には一般住宅にも西洋式のものが普及した。大正時代に流行した「和洋折衷」住宅も様式建築の影響が強い。

食生活においても当初は、領事や水兵の要求から始まった牛乳、牛肉の飲食から、道南地域の酪農が始まった。軍艦食であったカレーライスが日本でも広がり、中華ラーメンも当初は外国がらみであったとされる。フランス料理店も箱館が最初だったといわれている。

第 2-3 章　北洋漁業の盛衰

編集部

北洋漁業の歴史

北海道や東北では縄文時代の古くからサケやマスをとって食用としてきた。（注1）江戸時代にはアイヌの貴重な生活資材であった。しかし、それが産業となるのは明治以降の北洋漁業においてであった。明治以降、北海道の港、ひいては北海道の地域経済にとって北洋漁業の盛衰は、極めて大きなインパクトを持つものであった。

北洋漁業とは、太平洋北部、ベーリング海からオホーツク海に及ぶ地域での日本が行う漁業をさす。この地域はサケ、マス、タラ、ニシン、カニなどの海産物が豊富で、世界でも屈指の漁場である。この地域では古くから日本のアイヌが漁業を行い、ロシ

（注 1）秋田県や信州北部の遺跡からサケが描かれたいせきがみつかっている。

鮭石（さけいし）

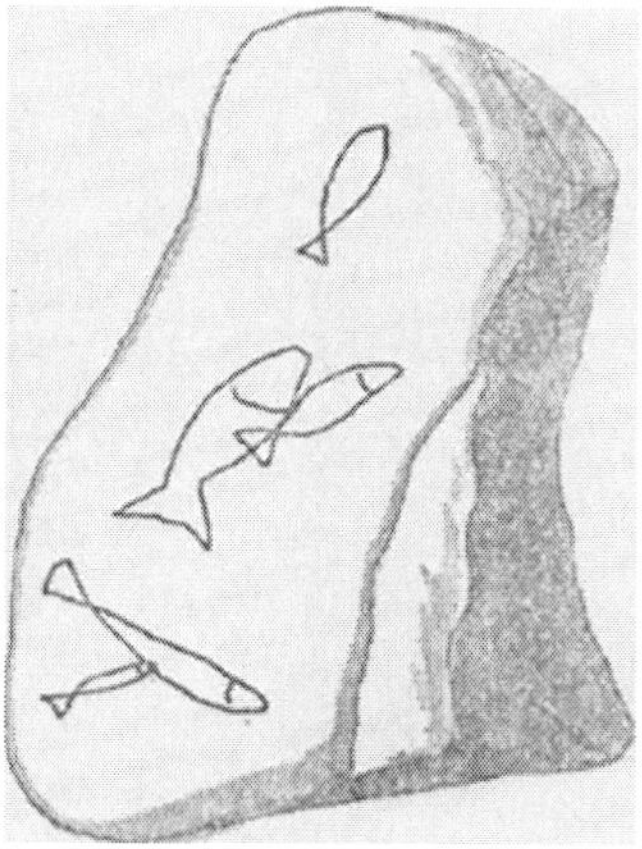

（出所）マルハニチロ「サーモンミュージアム」

アからはラッコ等の毛皮を獲ってきたが、江戸時代後期には日本が間宮林蔵や高田屋嘉兵衛らの北方開発、ロシア側からは帝政ロシアのシベリア南下政策によって日露の接触が始まった。

明治時代になると北海道開拓が軌道にのり、漁船の近代化・大型化が進むと函館、小樽、釧路、根室などを基地とする遠洋漁業が活発化し始めた。

(日露戦争後)

日露戦争終結とともに一九〇七年には日露漁業協定が結ばれ、千島列島からカムチャッカアリューシャン列島などでの漁業権を得ると北洋漁業は一挙に拡大した。

一九〇七年には堤商会（後のニチロ）の堤清六、平塚常次郎らがカムチャッカに缶詰工場を始めた。その後、サケ・マス漁業の中核となった日露漁業はこの地域で七〇〇〇万尾のサケ漁獲と四〇万箱の缶詰生産を行ったとされる。（注2）

それらはイギリスへの輸出と国内での需要に向けられ、北海道地域産業は大いに潤った。

(ロシア革命後)

一九一七年のロシア革命以降はロシア沿岸での漁業は禁止され、カムチャッカ缶詰

（注２）マルハと日魯漁業は合併し、現在はマルハニチロホールディングスとなっている。

工場や中継基地としての利用ができなくなったが、日本は母船を組み、公海上でトロール漁法で大量漁獲を行い、母船内に缶詰工場を持つという方法によって対抗した。

その後、支那事変から太平洋戦争と不穏な雰囲気の中、水産会社国営とされ、軍艦に守られて漁業をする等の異常な場面もあった。

（戦後）

戦後は一時北洋漁業が禁止され、一九五七年には漁業が再開された。続いてソ連との漁業交渉が再開されたが、力関係の変わったソ連との交渉は、なかなか難しかった。それでも船団は北洋漁業を継続し、漁獲量を増やしていった。

（二〇〇海里問題以降）

それらに決定的なダメージを与えたのは、一九七六年から始まった「二〇〇海里問題」であった。

この年、アメリカは二〇〇海里（３７０．４㎞）を自国の漁業専管水域とすることを発表し、ソ連（原ロシア）もそれに続いた。（注３）

（注３）それまで領海は12海里であったが、自国の水産資源保護を目的に、新たに設定されたもので北洋漁業にとっては、決定的打撃であった。

母船式サケマス漁

（出所）マルハニチロ「サーモンミュージアム」

これに対しては、日本も二〇〇海里を専管水域とすることを宣言し、一九八二年には国連海洋法条約により、排他的経済水域として盛り込まれることになった。

一九九三年には公海上でのサケ・マス漁業は全面的に禁止されることになった。

サケ・マスの需給

戦後のサケ・マスの需給の推移をみると図表2―3―1のようである。

昭和五十年（一九七五年）ごろまでは国内生産量と国内消費量は一万六〇〇〇トン程度で見合っていたが、二〇〇海里問題が発生して以降は輸入量が急増し、自給率は七〇％程度となる。

そののちも国内の消費量は増え続け、需要量がピークとなった平成八年（一九九六年）には自給率は

図表2―3―1　サケ・マスの需給

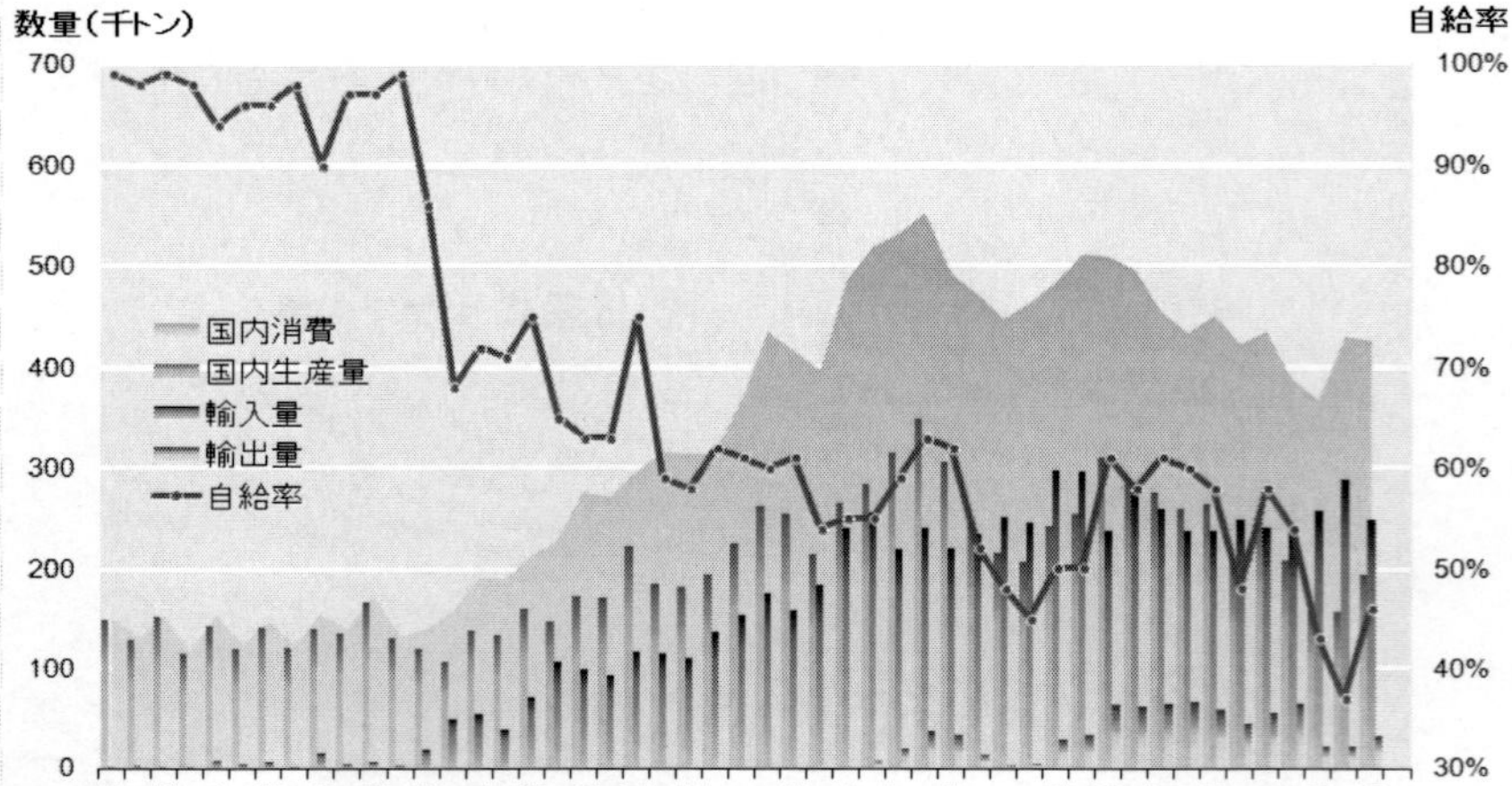

資料：農林水産省「水産物流通統計」、水産庁「水産物流通調査」、農林水産省「漁業・養殖業生産統計」、財務省「貿易統計」

六二％になった。
その後、消費量は伸び悩んだが。平成二十四年（二〇一四年）現在では自給率が四六・三％にまで低下している。

養殖漁業への転換

これらの流れは、自然の恵みとして漁業を重視してきた日本にとっては大きなショックであるが、確かに獲り放題の水産では、長期持続的な経済は、成り立たないことも事実であり、今後は養殖漁業などの「育てる漁業」に転換せざるをえなくなっている。たまたまサケの場合は、放流した川に戻って産卵するという性質があることがわかっており、そのための本格的な努力が行われるようになっている。

しかし、サケ・マスの養殖技術は確立したものの漁家などのマーケット状況が整わないため、事業としては多くの課題を残したものとなっている。ここでサケ・マスの養殖の歴史を簡単に見ておく。

まず、ニジマスの内水面養殖については明治十年（一八七七年）から始まっている。

その後、ヤマメ、アマゴ、イワナ、ヒメマス、ギンザケ等を含めた内水面養殖は二〇〇四年現在で一万二〇〇〇トン程度にまで拡大している。

一方、サケ・マスの海水面養殖については、一九六三年頃から始まった。初めの静岡、広島での実験は長続きしなかったが、その後、宮城県、岩手県、北海道など全国各地で本格的な取り組みがおこなわれるようになった。大手の資本も事業化を進め、一九九一年には一万六〇〇〇トンの生産量になった。しかし、これもノルウエー、チリなどの外国産の輸入急増で、採算が取れなくなり、ほとんどがこの事業から撤退せざるを得なくなった。

このように、サケ・マスの養殖については日本が先端的な技術を開発したが、世界的なマーケット対応がうまくいかなかったという歴史を持っている。

サケ・マスの養殖

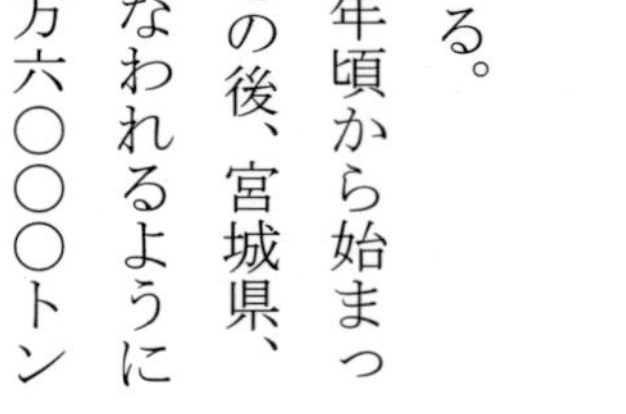

（出所）マルハニチロ「SALMONMUSIUM」

第 2-4 章　女性からみた港町・函館

1　港町・函館の今昔

根津　静江

函館の歴史・風土

縄文時代の約一万二〇〇〇年前、（現）函館山は火山噴火からしばらく浮き島でした。長い間に海流が運んでくる土砂が堆積して、ゆっくり成長して亀田半島とつながった、『陸繋島』（トンポロ）という地形の函館です。

定住した縄文人の遺跡が、函館周辺より発掘され出土品が多くあり、今、縄文遺跡群を『世界歴史遺産』にとの運動も起きております。

縄文、弥生時代、それから時は流れ流れて、中世を経た一七世紀以降『和人とアイヌの定住する蝦夷地』を徳川幕府（徳川家康）の命により、松前藩が統治することになり、交易の場所としました。箱館

（現・函館）もその一つでした。

蝦夷地の一寒村に過ぎなかった箱館が歴史の表舞台に登場するのは、一八五三年のペリー来航により、日米和親条約締結からです。最初は下田、箱館の二港の開港でした。一八五九年の通商貿易条約で下田、箱館に加え、横浜、神戸、長崎、新潟が開港され、文明開化の花が咲きました。

☆　箱館開港により、アメリカ、イギリス、フランス、ロシア、ドイツ等の西洋文化・技術が流入し、近代化を求める列国に対応する施設として、諸術調所を設立しました。それらの門下生には日本の将来を担う優れた人材が多数いました。

☆　幕末の動乱を経て、明治維新後の明治二年（一八六九年）蝦夷地が「北海道」として改称され、開拓事業が開始されるや箱館（函館）は、北海道の玄関となり北海道～本州の商品流通の結束地として中心的な中継基地の性格を持つようになりました。

☆　明治期の函館は近代都市として成長し、日露戦争後、北洋漁業が発達しました。函館はその漁業にかかわる諸物資や海産物の市場として、また、労働力の供給源として、東北地方にも大きくかかわっていました。

☆　函館の人口は開港時の九千人から明治四十年には十万人を超え、大正・昭和の世界恐慌の真只中でも二〇万人をオーバーし、昭和九年の函館大火もすぐ復興し、人口二二万人以上となり、東京、横浜につぎ、関東以北での最大都市となりました。（全国九位）

大正・昭和初期の風景

大正・昭和の函館は、第一次世界大戦による好況はもとより、昭和恐慌、第二次世界大戦の不況も糧としながら都市化を進めました。大正・昭和初期の函館の中心街は函館山山麓の西部地域。函館駅のある若松町から松風町にかけての地域でした。（西部地域・・・近世以来の市街地は函館発祥の地）。中心街の地蔵町は問屋街で大小数百件の多種商品を扱う問屋が軒をつらねていました。

☆　東には恵比須町があり、東西に伸びる銀座街があり、料亭、カフェ、映画館、見番があり、夜の社交場として賑わっていました。

☆　西に連なる末広町、その先の大町には、・・・

〇日本銀行、第一銀行、安田銀行、北海道拓殖銀行、北海道銀行

〇丸井百貨店、金森百貨店

〇税関、渡島市庁

○魚網：漁具の製造所、回船問屋などが軒を連ね、ハイカラな町・函館が形成されたのです。

現在、「開港通り」と名付けられた観光スポットは、豊川町、真砂町、鶴岡町（現大手町）。多数の倉庫群があり、大手漁業会社の社屋、海産貿易商、それに付随した資材卸商も軒を連ねていました。

その海よりには、中小の造船所が十数件あり、関連の鉄工所、船具、機械、機具の店もあり、工業的な要素の町でありました。豊川町の中に魚岸があったので、鮮魚、塩魚、干魚等の海産商があり、市民の台所として賑わっていました。

函館は海の恵みにより発展した都市です。函館市民憲章には、「あたたかいまち」、「にぎわうまち」、「はぐくむまち」、「のびゆくまち」等がうたわれています。現在、函館は如何でしょうか？

高層ビルの最上階よりの展望は、函館山と函館湾が一望出来る大パノラマです。しかし、港は物流があり、人々の交流があり、豊かさがあってこそ、喜びがあり、楽しみがあるのではないでしょうか。今の港には動きもなく、音もない、「静止画像」のようです。何とか動きのあるまちにしたいものです。

世界有数の良港

函館港は世界四良港の第二位なのです。第一位　ナポリ（イタリア）、第二位　函館港（日本）、第三位　シアトル（アメリカ）、第四位　バンクーバー（カナダ）
この様な良港の函館です。人々の知恵と技により、再び日を昇らせましょう。

二〇一七年より函館港に、大型クルーズ船四〇隻も寄港することになっています。そのため、埠頭の整備も進行中です。昔の造船所の跡の海は、五〇〇ｍ位の幅で埋め立てて、立派な土地に整備され、そこに二〇一七年秋には高層ホテルの二棟が建設着工されます。その他、外資系高層ホテルが建設予定とか。一九九七年に物流円滑化を目的にした『ともえ大橋』も延伸され、函館に動きが出てきました。雇用が生まれ、経済波及効果があります。大変喜ばしく思います。

函館は独自の歴史的風土を有し、自然、景観、文化、芸術と誇れる町でもあります。多くの文化人が、明治、大正、昭和にかけて来函し、函館にかかわりを持ち、影響をこの地に残しております。
その中の一人、石川啄木。

一九〇七年（明治四十年）来函し、新しい生活の場を函館に求め、在函百三十二日でしたが、「死ぬときは、函館で死にたい」とも書かれた手紙が残されています。日記には「我が魂の真の恋人は海のみ」と書かれた函館です。啄木の琴線に振れた海。その海！「津軽海峡」！

津軽海峡という地名は、江戸時代には無く、この海峡を最初に名付けたのは、大航海時代に船出したヨーロッパ人らしく、十七世紀後半の地図にはツンガラやツガルと読めるアルファベットの表記があるそうですが、十七世紀はじめ、イエズス会の宣教師アンジェリスらが松前に渡っており、ヨーロッパ人は、日本海と太平洋を結ぶこの要所のことを世界地図の上で知っていたので、地元の人々は名付けること無く、アイヌ語地名で津軽海峡を指すものはないとのことです。

外洋と行き来するには、津軽海峡がいかに重要な水路かが解ります。蝦夷地と本州を交易で結んだ古代、中世、やがて戊辰戦争の最後の戦いに至った近世。そして沢山の開拓移民が津軽や南部から北海道の奥地をめざした近代。人々の交差した固有の歴史を綴ってきた津軽海峡です。

石川啄木像

飛行機での旅が庶民のものになる前、かつて夢と決意希望を抱いて北海道から上京する人々には、津軽海峡を連絡船で四時間かけて渡るという通過儀式がありました。「しょっぱい川」を渡る儀式です。荒天をついた連絡船がひどい揺れで体調を崩す人もいました。

一九八八年（昭和六三年）三月十三日、二十四年の歳月を経て、青函トンネル総延長約五九kmが開通し、青森―函館は二時間へと短縮されました。先人達が往来に苦労した「しょっぱい川」は過去のものになり、二〇一六年三月二六日、北海道新幹線が開通し、東京―函館間、四時間となりました。津軽海峡に新たな光が当たり始めています。

広域観光コースの開発

函館港の向い海岸には、知内町、木古内町、当別等の現北斗市、その奥には、福島町、松前町、上の国町、江差町があります。それぞれ特長を持つ「歴史と文化遺産」があります。

函館の東浜桟橋より「港の渡し船」として観光周遊船

（出所）赤松柳史『俳画の手引』

を利用して木古内に着岸させるという案はいかがでしょうか。港を利用した趣のある広域の観光コースとなるでしょう。

（渡島半島～西廻りコースとしての観光）

函館港～～北海道新幹線の停車駅・木古内駅を「海の渡し船」で結び、広域の周遊観光を楽しんでもらうのです。

知内町・・・世界第一の海底トンネルがあります。（今はヨーロッパ　ドーバ海峡トンネルが一位となった。）北海道最古の秘湯としての温泉。地域の特産品（農・漁・加工）もあります。

木古内町・・・北海道新幹線の停車駅。交通のアクセスを利用。『咸臨丸の歴史』や伝統文化が多数あります。

当別・・・明治二九年（一八九六年）当別の原野に「「灯台の聖母トラピスト」として北海道トラピスト修道院がフランスの修道士により創立されました。

詩人三木露風が大正四年、大正十三年にトラピストを訪れ、滞在中に「野ばら」の詩を書き、山田耕筰が『詩と音楽』という校友誌に発表しました。童謡詩人としての雑誌『赤い鳥』を発行。有名な「赤とんぼ」の動揺もあります。

川田男爵記念館・・・川田男爵が欧州洋行の折、イギリスの商社より馬鈴薯を輸入し、七飯農場で栽培し、男爵いもとして北海道農業に貢献。函館ドック社長として経済界にも貢献しました。

寿楽園・・・作家島崎藤村の最初の夫人冬子の実家。魚網問屋の秦家の別荘庭園です。今はさびれていますが、すこし手をいれると素晴らしい観光拠点となるでしょう。

北斗市・・・北海道新幹線の函館北斗駅として交通の基点となった。幕末それ以前の一五世紀ころのアイヌ民族の蜂起したコシャマインの戦いで落とされずにすんだ館、矢不来館跡もあります。

松前町・・・松前藩の居城で長い歴史と文化の拠点松前は観光拠点として見どころがたくさんあります。北の小京都とも言われているところです。。

江差町・・・北前船の重要な寄港地で、ニシンの集散地、追分の流れる町です。最近『日本文化遺産』にも登録された歴史的な街です。（ここについては第2−1章でくわしくとりあげています。）

（渡島半島～東廻りコースとしての観光）

函館下海岸沿い・・・　戸井、恵山、川汲（日本一の昆布生産地）、その先には縄文遺跡群の南茅部があります。縄文遺跡群の南茅部を観光し、鹿部〜大沼国定公園、駒ヶ岳、森町　北海道最大の規模のストーン・サークル）。縄文文化の旅という視点からの観光も面白いと思います。函館を中心に東西の観光三つをトライアングルとして不動のものとする。十年後北海道新幹線が札幌延伸した時、函館が通過駅にならないよう考えるべきかと思います。

大沼・・・全国で十三番目の国定公園で活火山である駒ヶ岳と噴火によって出来た大沼、小沼、蓴菜沼と大小の沼。自然豊かな周辺地域。

森町周辺・・・北海道では大規模のストーン・サークルで縄文人の祭祀場の鷲の木遺跡。一八六八年徳川幕府、榎本武揚が軍艦八隻にて、將兵士共、八〇〇〇名を上陸させた鷲の木村。（蝦夷地に共和国を樹立の夢を実現する為の上陸地でした）　桜のオニウシ公園。

七飯町周辺・・・北海道開拓の基礎となった近代農業発祥の地です。一八六九年（明治二年）プロシア（ドイツ）人のRカルトネルと蝦夷（榎本）政権の間で、西洋農法を教えるということで、七飯の土地約三〇〇万坪を九九年間、租借する条約を交わしたが、後の明治新政府は、北海道が外国の植民地にされることを恐れ、多額の賠償金を支払って条約を破棄しました。
ガルトネルは西洋式農機具を用いて開墾し、リンゴ、ブドウ、さくらんぼ、梨、カーランツ、グズベリー等西洋果樹を植栽しました。

国道五号はガルトネルのブナ保護林が静かに往年の様子を語っています。一九八六年（昭和六一年）「日本の道百選」に選ばれ、一九九六年（平成八年）「歴史国道」にも指定されました。赤松街道は、約一四〇〇本の赤松が植栽され、通る人たちの目を楽しませております。

広い視野からの開発を

以上のように港町・函館を起点として西回りと東回りを広い視野から観光コースとして作り上げ地域全体の魅力を高めていくことが求められています。この地域に多くの観光客が訪れ少しでもながくとどまり、将来は移住をしてみたくなるような豊かな地域づくりを目指すべきだと思います。

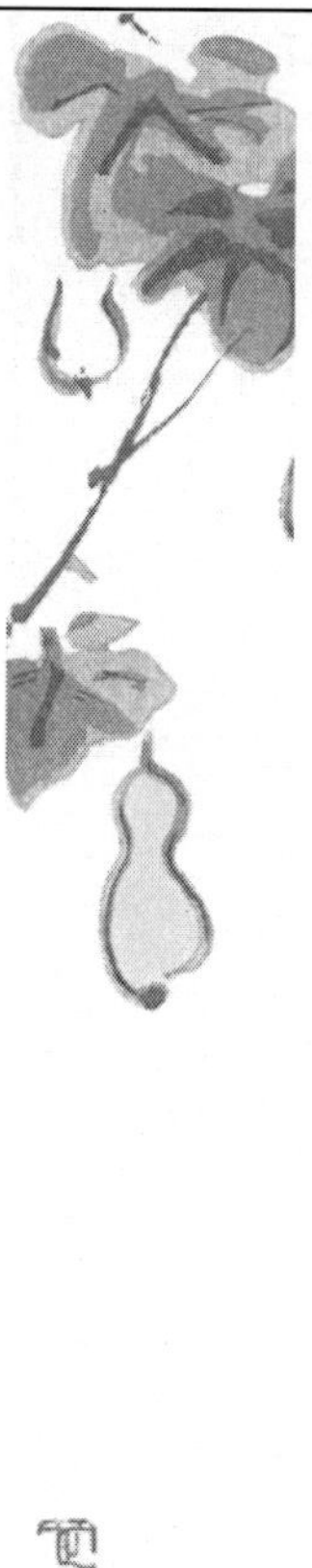
赤松柳史作

2　国際交流俳句と函館生まれの私

船矢　深雪

国際交流俳句のこと

俳句のユネスコ無形文化遺産登録を念願していた国際俳句交流協会・日本伝統俳句協会・俳人協会・現代俳句協会に加えて、自治体の（芭蕉に深い縁の）伊賀市・東京都荒川区・松山市・大垣市等が中心となり、二〇一七年四月二四日（月）東京都荒川区日暮里サニーホールで「俳句ユネスコ無形文化遺産登録推進協議会設立総会」が開催されました。

発起人挨拶は有馬朗人（ありまあきと）氏（国際俳句交流協会会長）、記念講演は金子兜太（かねことうた）氏（現代俳句協会名誉会長）で演題は「俳句の力」でした。続いて鷹羽狩行（たかはしゅぎょう）氏（俳人協会名誉会長）、稲畑汀子（いなはたていこ）氏（日本伝統俳句協会会長）、宮坂静生（みやさかしずお）氏（現代俳句協会会長）がスピーチをされました。

役員は名誉会長に、中曽根康弘（なかそねやすひろ）氏（俳人でもある）、名誉顧問にEU名誉大統領ヘルマン・ファンロンパイ氏、金子兜太氏、鷹羽狩行氏。顧問に第八代ユネスコ松浦事務局長、前文化庁長官　青柳正規氏、現代俳句協会特別顧問　宇多喜代子（うだきよこ）氏、東京大学名誉教授　川本浩嗣（かわもとこうじ）氏、他、当代の実力俳人、全国三十余の市長、超党派の議員達も名を連ねての発足です。

「自然を大切に、平和な世界の到来を！」が次世代へのメッセージとしての遺産登録です。

会員になったきっかけ

私が国際俳句支流協会の会員となったきっかけは、現代俳句協会からのおすすめで創立二〇周年記念大会（東京市ヶ谷で開催）に出席し、米国、英国、クロアチア、ドイツの各俳句協会会長の現状報告に、「人間の感性は同じ」という思いを深くした事でした。五年後の二〇一四年に創立二十五周年記念シンポジウムがEU本部のあるブリュッセルで開催され、有馬会長を団長とする一行二十五名の一員としてベルギーへ参りました。

この会は、ヨーロッパ諸国からの俳人によるシンポジウムに加え、ＥＵ初代大統領ファン・ロンパイ氏（俳人）の基調講演があり、題は、「俳句とヨーロッパ」でヨーロッパ人の俳句観が伺えました。ドイツ、オランダ、アイルランド、フランス、イギリスからの参加者、報道陣等計百五十人超で通路まであふれ、盛況でした。

ベルギー在住の日本女性、十勝からオランダへ嫁した女性等も参加していました。俳人ファン・ロンパイ氏は俳句が持つ明解で調和を重んじる点を指摘し、「こうした特質はヨーロッパにとって、進むべき道の指針となり得るのではないか」と論じ、多くの方が共鳴されました。

ベルギーからイタリアへ飛び、もう一つのメインイベントである「ローマ俳句交流の夕」が日本文化会館で行われました。

永遠の都・石の街ローマで、緑豊かな日本庭園と木の香漂う、木の文化の会館なのです。講堂に用意された百の席は、たちまち埋まり、立ち見や床に座り込む人もいて、盛況で二百人近くの人が集まりました。

基調講演は、物理学者でもある有馬朗人会長により「芸術、文化、自然に於けるシンメトリー」というテーマで、シンメトリー（対称性）について、ヨーロッパ、中国、日本の文化を「庭園」や「宇宙」を例にして、説明くださいました。大変解りやすく、多くの人がメモを取っているのが見られました。

次いでイタリア俳句友の会の発表となり、カルラ会長、野尻命子副会長に感謝状が贈呈されました。一九八〇年代に設立の友の会を育ててきた功労者です。イタリアの小学校では「俳句は感性を育てる重要な授業であり、イタリア語には、五つの母音があるので、五、七、五で俳句が作れます」との事でした。

その後、イタリアの寿司職人による和食とワインの賑やかなパーティーが開かれました。着物を着て参加した私に対して、「キモノ触っていいですか?」「日本大好き!」と真顔の若い女の子に囲まれ、日本の何処が魅力なのかと再考しつつ嬉しい体験を致しました。

この度の企画には公式の二つの行事の他に、イタリアの山中にあるワイナリー訪問及び吟行がありました。まず訪ねたトスカーナの「カステロ・ディ・アマ」(天の城)キャンティワインの「HAIKU」を催事にも提供下さいました。

「カステロ・ディ・アマ」を後に、フィレンツェの宿に向かいました。「子規の句碑があるワイナリーレストラン」を目指して、フィレンツェを出発、本当に子規の句碑があるのだろうかと半信半疑でした。イタリア北部、イゼーオ湖畔迄のバス四時間の長旅は、吟行には最適でした。フィレンツェから北上しイタリアを横断するアペニン山脈を越えてゆく雪道の山越えの、想像を絶するパウダースノウに覆われた谷と樹林は、お伽噺の舞台さながら、函館では見ることの出来ない清浄なヨーロッパの雪景色。山を抜けるとロンバルディア平原へ（大河ポー河を見て）冬の夕焼けが星空に変わる頃、イタリア北部、ロカンダの子規の句碑があるレストランへ到着。子規の句は、石碑に刻まれて中庭にありました。

『雲一つ今宵の空の大事かな』

他に、一茶、草田男、蛇笏の句などがイタリア語の横書きと日本語の縦書きが、三方ガラス張りの部屋のガラスに、美しい装飾となって客人を喜ばせているのです。

俳句は、オーナーの好みで、時々チェンジされているそうですが、日常の生活の中に日本の俳句を取り入れているセンスに驚きました。

蝋燭の灯る大テーブルでワインをいただきながらのディナー後は、西村和子先生が選者の句会、楽しゅうございました。

帰国後、記念記録集が発刊され、学習の書でもある貴重な集に、思い出にとどまらない大きな未来が見えてきました。

俳句を出品した海外での催事

二〇〇六年にはロシアのサンクトペテルブルグの国際芸術祭（「白夜の未来遺産展」）に俳句を出品しました。それには私も出席しましたが、テープカットにはエルミタージュ美術館東洋部長をはじめ日本領事も見えられ、会場には日本生花が置かれ、地元音楽大学の演奏もあって盛大なものでした。

市民交流会も開かれ、ロシア人には文学好きな人も多く、三島由紀夫や村上春樹のファンが多いことに驚き、日本語翻訳者の熱心な勉強ぶりに感心しました。

私の俳句には家庭婦人（五十一歳、五十四歳等）の共感や感想文が多く、テレビ局の取材もあり、「百聞は一見に如かず」を実感しました。皆さん友好的でした。

展覧会後のツアーはエルミタージュ美術館をはじめ、エカテリーナ女王の宮殿、ピョートル大帝の庭園、観光地、ドストエフスキーの小説の舞台となるロシア通りやアパートや橋をめぐるコースでした。

（出品俳句）

てのひらに　蝶の片翅　海見えて

冬の日や　誰かを待っている窓辺

サンクトペテルブルグ展示会場

サンコトペテルブルグの俳句展

みどり子の　何処より来し　白鳥座
春の川　古びし住居　浮かびくる
橇（そり）の鈴　夕飯のスープ煮えていて
童話読む　父よ　華の生まれる日

函館国際俳句会のこと

有馬会長の「北海道に国際俳句交流の理解者を増やしたい」との依頼で、青木陽二氏（蔵前俳句会、国際俳句交流協会会員でシンポジウムの写真担当）が来函され、日独協会後藤会長（故人）、奥山副会長（故人）の要望で「ドイツ滞在とドイツ俳句事情」を語る会が開かれ、その縁で数人が会員登録しました。

平成二十七年五月二十五日に会として設立、会長に井上能孝（いのうえよしたか）氏（ペリー研究者）、副会長に中嶋肇氏（外人居留地研究者）、船矢深雪（国際俳句交流協会会員）が選出されました。二ヶ月に一度の勉強会を続け、会員登録者は東京本部へ出句し、入選作品は年四回発行の冊子「春夏秋冬」に載ります。日本人ですので日本語で投句、専門の翻訳者、ジャンポール絹子氏の英訳で紹介されますが、英語他で投句する人もいます。井上能孝氏はヴァージニア在住のジャンポール絹子氏とのメールで

「現存のペリーの紫木蓮（しもくれん）」を知り、新聞に紹介しました。

私の夫も会員となりました。

ロンドンの　風の冷たさ　黄水仙
地中海　泳いで焼いた　鰯食う
鉄門扉　秋夕焼けの　ブルターニュ
木靴作る　青年の指　春光に
船矢　昭三

夫は亡くなりましたが、入選し、国際俳句誌に残った事を感謝しています。

ベルギーとの友好

日本・ベルギー　外交関係樹立一五〇周年に向けての「ベルギー王国アート展」が二〇一五年五月三〇日～六月一日の３日間ブリュッセルで開催されました。

ベルギーは、フランダースの犬でも有名なルーベンスやルネ、マグリットなど著名な画家を有し、手工芸品のレース編みやタペストリー等、美しいものを産出している言わば文化・芸術優先の国に思えます。

二〇一四年、シンポジウム出席の折、隣席のブルージュ在住の老婦人から友好のしるしといって、クリスマスプレゼントを贈られたこともあって、友好のためならと俳句を出句致しました。

（出品作品）

たましひの　漂ふ沖へ　桜咲く
雪に声　波は祈りのかたちなり
鈴蘭や　遺愛の鐘の　鳴り止まず
聖五月　ギルドハウスの　金飾り
水仙や　修道院の　赤き屋根

（王立ベルギー美術館）美術史家森耕治氏

二〇一六年は、日本・ベルギー友好一五〇周年記念として「友へ」のテーマで、日本文化の展示会が大々的になされました。二〇一六年十一月十二日〜十四日の３日間で、ベルギー・ブリュッセルで開催されました。日本から絵画、彫刻、書そして文芸があり、俳句を出品致しました。友好一五〇年の節目でもあり、ベルギー各地で日本文化の紹介がなされ、特にブリュッセルでは、街全体が日本を演出する飾り付けがされました。私事になりますが、美術大出の姪が、ベルギーの男性と夏に結婚式を挙げ、

家族ぐるみの交際が始まり、アーティストの卵の姪のためにもと、今回も俳句を出品致しました。

（出品作品）

年月の　畳まれている　鯉幟
花合歓や　白い頁（ページ）に　次々と
台湾語　英語日本語　花火の夜
海見えて　紅葉かつ散る　領事館
雪女　俳句工房　台所

後日、主催のCEP（カルチャーエクスチェインジプロジェクト）、後援　在ベルギー大使館、運営　クリエイトアイムス株式会社からの伝達で、日本ベルギー友好一五〇年展船矢深雪　東洋文芸大賞受賞のお知らせと大きな飾りカップが送られてまいりました。嬉しい事と思っております。

なお、この様な催事は、これまでの組織に関

東洋文芸対象の受賞

係の無い全く個人のささやかな国際交流です。

フランス・ボージョレヌーボラベル店に出品

二〇一六年、フランスワイン・ボジョレーヌーボーのラベル展に出品しました。十一月十七日~十九日　モンメラ城（マリーアントワネットの城）にて　ブルゴーニュ地方ボジョレー地区限定オリジナルアートの展が行われました。この地方の年一回の盛大なお祭です。

そこに次の作品を出品し、ラベルにしていただきました。

海峡を五分で着地　花芒（はなすすき）　深雪

送られてきたボージョレヌーボは家族や仲間と乾杯しました。

モンメラ城

俳句を通した国際交流

ペリー来航以前より、ロシアをはじめとする異国文化に触れて、異文化を寛容に受け入れてきた港町・函館、函館出身の文芸評論家・亀井勝一郎が実感していた様に、フランス、ロシア、イギリス、アメリカそして日本の寺院が建ち並び、鐘の音、外国船の汽笛が聞こえる函館は、夜景の美しい観光地としてだけでなく、新しい文化創造と国際交流の接点を見いだして、特色のある港町としての魅力をひろげていくことでしょう。

赤松柳史作

3　青函連絡船の思い出

母の故郷の思い出と青函連絡船

高坂りゅう子

私の母は、岩手県から縁あって北海道の大野村（片北斗市）にお嫁に来ました。私が五・六歳の頃は、春、夏、秋と時々故郷に帰っていましたが、いつも私を連れて行ってくれました。

連絡船に乗り、汽車やバスに乗り継いでの長旅でした。連絡船と汽車の乗り継ぎの時は、青森も函館も長い駅ホームを小走りで移動した記憶があります。

連絡船の船室は、一等、二等、三等とありましたが、いつも二等だったように思います。

青森に着くと、立ち蕎麦の店が駅の中にあり、それを食べてから次の汽車に乗るのが常でした。東北線に乗って、北福岡の駅で降り、さらにバスに乗ってたどり着いたのが、伊保内村というところです。

母の故郷は、山々に囲まれたとても穏やかな感じの村です。

言葉も穏やかで、叔母などは「よくおんでりませになりましたね！」と迎えてくれました。

母の実家は、曲がり家の農家でした。曲がり家というのは、母屋と馬屋が、一体となったL字型の家で、馬と一緒に生活していました。どちらにもブランコをかけてくれたり、夏は蚊帳をつりさげて、その中で寝たりしました。カッコーの声を聞きながら、昼寝をしたことなど、連絡船のことを思い出すたびに、母の故郷での思い出が蘇ってきます。

高校生になってから

戦後、高校生になり、一人で母の実家に行った時も連絡船でした。

夏の海は青々ときれいで、イルカが船と一緒についてきて、海風がとてもさわやかだった記憶が残っています。

母の叔父は水車を持っていました。自家発電のほかに、村の人達のために小麦粉やそば粉を作ってあげていました。

また、庭には大きな池があり、鯉もいました。釣り上げた鯉は刺身にしたり、あらはスープにしてご馳走してくれました。

池の鯉のえさは食事の後に残り物や自然のものばかりで、無駄のない

八甲田丸（青森）

暮らしをしていました。

大きな川の橋は土橋でした。手すりもなく大水がでても流されないよう工夫されていました。

考えてみますと、人々の生活の知恵が今よりはるかに沢山あったように思います。

台風十五号と洞爺丸の遭難

大学時代は、洞爺丸の大惨事の思い出が鮮明に残っています。

北海道学芸大学（現在の北海道教育大学）の絵画研究室と工芸研修室の先輩が、多数犠牲になりました。研修旅行で東京、大阪、奈良の歴史的建造物や古美術を調査するための十日間の旅の予定で、引率教官を含めて九名が参加していました。

連絡船で出発する先輩達を見送りに行ったときは夕方で、美しい夕焼けでした。

しかし、家に帰って夜中になってから天候が一変し、大嵐となりました。台風十五号が直撃したのです。夜間は、停電で周囲の情報は全くわからず、とても不安な一夜を明かしました。朝になって外に出ると、向かいの家の屋根が飛び散って無くなっているのを見て、台風のすさまじさを実感しました。 そして、ラジオのニュースを聞いて、見送った洞爺丸など何隻もの連絡船が遭難したことを知りました。

取るものも取りあえず、大学へ行かねばと自転車で家を出たのですが、途中、七重浜の海岸を通ると多くの人が打ち上げられているのを目の当たりにしました。本当に今まで体験したことのない大惨事が起きたのです。

私が所属していた工芸研究室の先輩は、五人が旅行に参加しましたが、二名が亡くなったことを知りました。ほかに絵画研究室の二名と研修旅行に一緒に参加していた物理研究室の一名が亡くなるという悲報を聞いて、心が張り裂ける思いがしました。今思うと、私も一年早く生まれていたら犠牲になっていたかもしれません。

教師になってから

教師になってからの青函連絡船の思い出は、子供達との修学旅行と教師仲間との研修旅行が頭に浮かびます。船室は、畳の部屋が多くあり、そこでゆったりと座って談笑したり、おやつを食べたりできました。

子供達とは、学校では出来ない家族的な雰囲気で接触することが出来、お互いの距離感が一段と縮まったように思います。

教師仲間との研修旅行は、楽しい思い出ばかりです。

夏休みに入ると、連絡船に乗ってよく小旅行に出かけました。幹事の先生はおやつや飲み物を買い込み、船室で車座になって談笑したものです。教師という厳しい世界での疲れをこうして癒していたのです。

一緒に乗っていたかつぎ屋のおばさんたちとも仲良くなったりしました。「かつぎ屋」というのは、米を担いで連絡船で運ぶ人たちのことで、すごい力持ちで元気のいいおばさんたちが多くいました。連絡船の旅は、汽車や飛行機では味わうことのできない人間的な触れ合いや情緒があったような気がします。

昔は、教師も自宅研修ということで、子供の夏休み中は、出勤をしなくてもよかったのですが、今は有給休暇をとらなければ旅行もできなくなりました。

留学生と連絡船

これも何かの縁と思いますが、国際交流センターのメンバーとなり、留学生を受け入れるようになってから、三十六年がたちました。

本州の大学に留学している学生は、東京や大阪、京都をはじめ、遠くは九州の大学生もホームステイにやってきました。遠くからと言えば五島列島でアシスタントティ

高坂さんの経営する「やすらぎの家」

ーチャー（英語助手）の勉強をしていた学生もいました。

青函トンネルが出来る前は、みんな連絡船でやってきました。はじめは緊張していた留学生も、次第に我が家での生活になれて、家族のように親しくなっていきます。そしてホームステイを終える頃には、互いに別れがたい気持ちになるのが常でした。

最後の別れのシーンで印象に残っているのは、連絡船のデッキと見送りの人とを結ぶ五色のテープが舞う風景です。船が岸壁から赤堤防の彼方に見えなくなるまで手を振り続けました。後日、留学生が大学に戻った時や母国に帰った時の手紙には、連絡船での別れのシーンが印象的であったことが書かれていました。手紙を見るたびに、私も連絡船の汽笛やドラの音などが懐かしく蘇ってきます。留学生の国も、アメリカやヨーロッパ、中国その他、世界中の人たちとの交流をしてきましたが、これからは、新幹線の時代になるのかも知れません。

終わりに

函館の港に行くと、時々豪華客船が、停泊していることがあります。こういう船に乗って世界を旅するのも魅力的ですが、私たちがかつて青函連絡船で味わった船旅の素朴な情緒は、また別の魅力であったような気がします。

小さな港にも入れて、お土産を買うことが出来、海の中も見ることが出来る楽しい船・・。

早いだけがいいのではなく、自然を大切にしながら、ゆったりと船旅ができるのが、私にはやっぱり魅力的です。

赤松柳史作

4 懐かしい港町の風景

清水暁子

函館と青森を結ぶ定期航路は、一八七三年（明治六年）開拓使が就航させた汽船『弘明丸』が最初です。一八七九年（明治十二年）民間企業によって運航された『比羅夫丸』『田村丸』がありました。

本州と北海道を結ぶ青函連絡船。函館は北海道の表玄関と言われていました。

一九八八年三月十三日、青函トンネルが開業し、同時に青函連絡船は八〇年の歴史に幕を降ろしました。

八〇年の歴史の中で、一九四五年（昭和二十年）米軍機の空襲を受け、連絡船ほぼ全滅の被害を受けました。もう一つの悲劇として一九五四年九月二十六日、台風十五号『洞爺丸台風』により客船洞爺丸が函館港外で沈没する。乗客一三一四名の内、一五九名が救助され、その時、貨物船『十勝丸』『北見丸』『日高丸』『青函丸』がやはり沈没しており、街中悲しみに包まれた。市内には母子寮が建設され、母親達は日中働いて家族を支えました。

悲しみを分かち合った母親達の交流は、高齢になった今でも続いており、固い友情で結ばれています。

函館は、夏になると南や東より風が吹き、東からの風は『やませ』と呼ばれ、親潮と共に冷たい湿った空気が北海道の太平洋側に流れ込み、津軽海峡や函館の街は、霧に包まれます。この霧のことを函館では『ガス』と言います。

津軽海峡は、プラキストンラインで有名です。海峡を境に、北海道と本州では、鳥類や哺乳類の分布が異なるという動物地理学上の分布境界線です。本州は内地、北海道は外地と呼ばれていたこともあり、海峡を渡るのには、船で四時間かかる広い海峡です。

摩周丸

（出所）保ムページ

津軽海峡を渡る連絡船は、『津軽丸』『八甲田丸』『摩周丸』『松前丸』『大雪丸』『羊蹄丸』『十和田丸』があり、乗船する度、船の名前を覚えたものです。船の中で販売している冷凍みかんは、夏でもみかんが食べられて、楽しみの一つでした。また、ラーメンも美味しいものでした。

現在函館港に接岸している『摩周丸』、青森港に接岸している『八甲田丸』は、共に堂々として観光客を楽しませています。

日魯漁業は、本社は東京で、函館には事業部があり、出港の基地でもあったため、昭和三十~四十年頃、北洋漁業からの恩恵をうけており、サケ、マス遠洋漁業の送迎の時は、お祭りの様な光景が繰り広げられて、沢山の家族で賑わっていました。


青函連絡船の情景では、別れのテープがやはり印象に残っています。色取りどりのテープでお互いを繋ぎあい、銅鑼の響きの中で別れを惜しんだものでした。青函連絡船が桟橋に着いた時は、重い荷物を背負う婦人達が多く、とても逞しくパワーを感じたものです。米、野菜、乾物など朝市で売っていたのでしょうね。


遠洋漁業のため、日魯漁業の船の見送りも人で賑わっていました。

私が四才頃の時、父に付き添われて、引き揚げ者の人達に、マイクで給付金の手続きを要請しながら市中をバスで廻った記憶があります。

里帰り中のブラジル移住の方が、函館山から津軽海峡をしみじみと眺めていた姿に、大きな夢と希望を持ち、津軽海峡を渡った事に深い感銘を覚えました。

辰悦丸、黒船、開陽丸、咸臨丸、箱館丸、外国船、そして青函連絡船が津軽海峡を縁としました。今は海底トンネルの新幹線がドラマを作り始めました。

函館は友好的な街で、開港の頃は外国人を自然と受け入れる街であったと伝わっていて、現在二七の国際交流団体が意欲的に活動を行っています。

その中には開港時からの交流が続いている組織、女性による国際的な奉仕団体も含まれています。

市民による国際的な文化活動も盛んで、市民創作函館野外劇やはこだて国際民族芸術祭など世界に誇れるイベントもあります。

現在私が参加している「国際俳句交流協会」は日本の伝統的な文化である俳句を国際的なものとする活動を積極的におこなっています。私は赤松柳史先生について俳画の勉強もしました。

大型船の来航にあたり、市内の幼稚園児や高校生の出迎えやパーフォーマンスもあり賑わいも見られる函館です。

清水暁子作

第３章　港の機能と役割

編集部

1　北海道の港

港（みなと）には、物資や人の交流拠点、漁業の基地、観光とのつながり、まちづくりとの関連などの機能がある。本章では、釧路・小樽・函館をモデルとして、北海道における港のあり方を主として、まちづくりとの関連で考察する。

まず、北海道の港をみると図表３－１のように三五港がある。苫小牧、石狩港のように、国が国際的な拠点港としてつくった港は別にして、釧路・小樽・函館を含む一〇港が「重

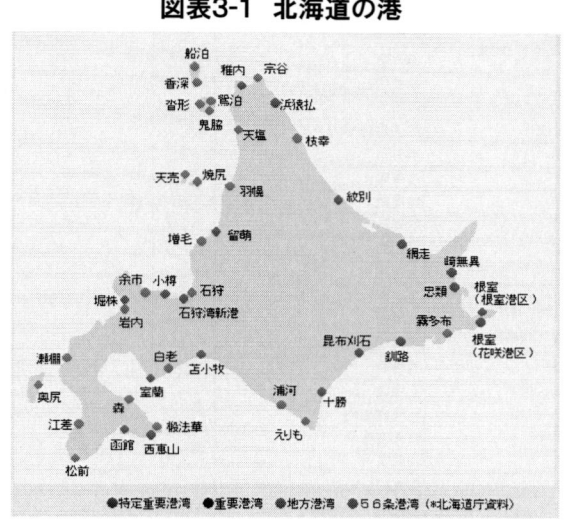

図表3-1　北海道の港

要港湾」それ以外の二三港が「地方港湾」と区別されている。
以下では重要港湾を中心に港の機能と現在抱えている課題を整理しておこう。

図表 3-2　港湾の分類

港の種類と数　港湾法が適用		
種　別	区分範囲	全国指定港数
特定重要港	重要港のうち国際海上輸送の拠点となる重要な港	22港
重要港	国際・国内海上輸送の拠点となる港	106港
地方港	重要港以外の港	960港
避難港	以上の港のうち、暴風雨の時に小型船舶が避難するよう指定された港	35港
＊特定港	港則法が適用　喫水の深い船舶が出入でき、外国船舶が常時出入する港	

（出所）北海道開発局

北海道の港一覧

種類	港湾名	港湾管理者
特定重要港	室蘭港	室蘭市
	苫小牧港	苫小牧港管理組合
重要港	函館港	函館市
	小樽港	小樽市
	釧路港	釧路市
	留萌港	留萌市
	稚内港	稚内市
	十勝港	広尾町
	石狩湾新港	石狩湾新港管理組合
	紋別港	紋別市
	網走港	網走市
	根室港	根室市
地方港	石狩港	石狩市
	宗谷港	稚内市
	枝幸港	枝幸町
	霧多布港	浜中町
	えりも港	えりも町
	浦河港	浦河町
	白老港	白老町
	森港	森町
	椴法華港	椴法華村
	松前港	松前町
	江差港	江差町
	奥尻港	奥尻町
	瀬棚港	瀬棚町
	岩内港	岩内町
	余市港	余市町
	増毛港	増毛町
	羽幌港	羽幌町
	焼尻港	羽幌町
	天売港	羽幌町
	天塩港	天塩町
	鴛泊港	利尻富士町
	鬼脇港	利尻富士町
	沓形港	利尻町
	香深港	礼文町
	船泊港	礼文町

(1) 海外・道外と北海道を結ぶ

まず、北海道の輸出入貨物の九九・九%は港を通して行われている。輸入貨物では原油、石炭、林産品の順に多く、輸出貨物ではセメント、その他化学製品、金属類の順に多くなっている。これは日本全体の産業構造を反映しているもので、どちらかというと重量の重い素材関係のウェイトが高いのが特徴である。

道外への移出については、水産品や生乳のほかに、紙製品や石材、セメント等が多く、移入については、自動車、衣類、電化製品などの生活資材が多くなっており、これらも九一・三%が船によって運ばれている。

(2) コンテナ船・フェリー船・RORO船

形態の異なる貨物を大量に迅速に運ぶため、アルミや鉄でできたコンテナ容器に入れて運ぶと生産性が格段と高まる。ただ、そのためには港に、コンテナ、クレーンや置き場を設置する必要がある。釧路・小樽・函館などの重要港湾にはコンテナ埠頭が整備され、最近はコンテナ貨物の取扱量が増えつつある。（図表3−4）

図表 3-3　外貿のコンテナ船取扱量

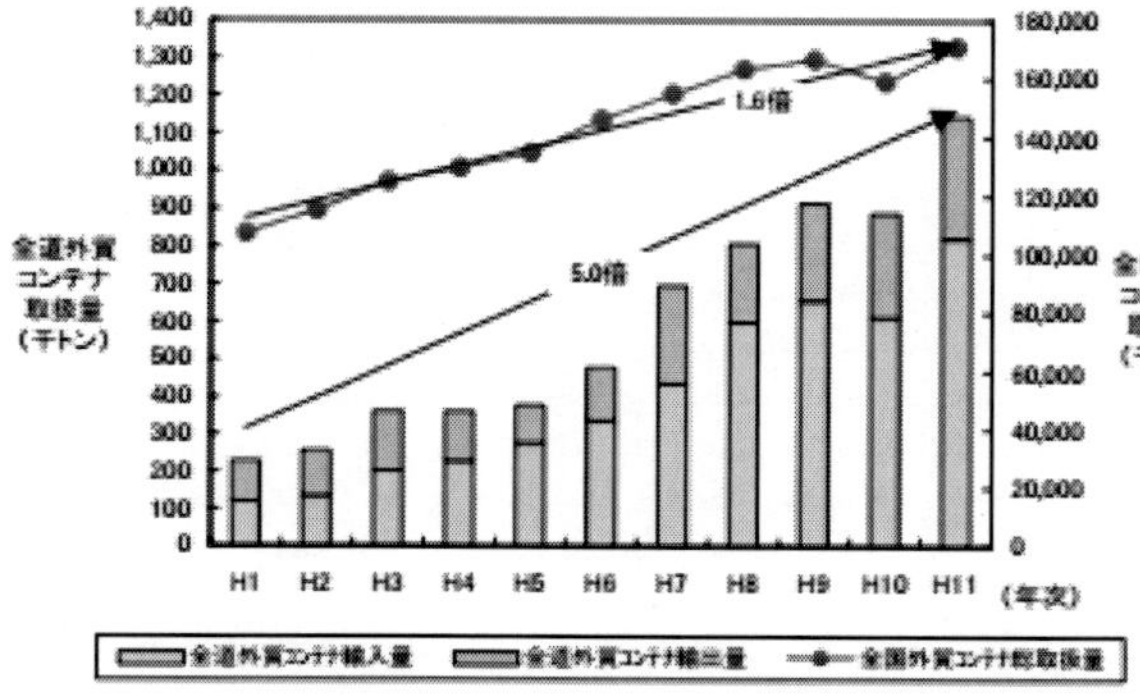

フェリーは人と自動車、荷物を積んだトラックなどを同時に運ぶことができる。トラックに荷物を積んだまま目的地まで向かうことができる。RORO船も貨物を積んだトレーラーをそのまま運べるのでクレーン作業が不要である。これらを利用することで、広域の物流システムを構築できる。例えば釧路港では道東圏六七市町村が利用する物流システムができている。

(3) 漁業基地としての港

港の機能を考える時、港が古くから魚や海藻などの水産資源の集散地であったことを再認識しておく必要がある。

漁港については、図表3-4のように分類されており、北海道全体では二四四ヶ所ある。(注1)

図表 3-4　北海道の漁港一覧(平成 28 年 3 月)

	第一種漁港	第二種漁港	第三種漁港	第四種漁港	漁港合計	港湾
宗谷総合振興局	22	7	－	4	33	7
留萌振興局	11	1	1	2	15	6
石狩振興局	3	1	－	－	4	2
後志総合振興局	22	2	3	1	28	4
檜山振興局	11	2	2	2	17	3
渡島総合振興局	39	9	6	3	57	5
胆振総合振興局	8	2	2	－	12	3
日高振興局	18	－	2	1	21	2
十勝総合振興局	4	－	－	1	5	2
釧路総合振興局	8	3	1	－	12	2
根室振興局	12	4	1	2	19	3
オホーツク総合振興局	12	5	－	4	21	2
北海道合計	170	36	18	20	244	41

(注1) この分類では第3種が全国規模の漁港、第1種が地方規模の漁港第2種はその中間、そして第4種は離島の漁港とされている。

図表 3-5　北海道の魚港一覧

管内	第1種				第2種	第3種	第4種
宗谷総合振興	斜内	東上泊	宇遠内	新湊	オホーツク枝幸		東浦
	浜猿払	幌泊	知床	蘭泊	オホーツク枝幸北		抜海
	知来別	浜中	差閉	御崎	頓別		礼文西
	宗谷	須古頓	香深井	鬼脇	浜鬼志別		仙法志
	声問	西上泊	内路		富磯		
	西稚内	雄忠志内	稚咲内		恵山泊		
留萌振興局	豊岬	力昼	阿分		鬼鹿	苫前	遠別
	初浦	臼谷	別苅		本泊		雄冬
	西浦	三泊	岩老				
	前浜	礼受					
胆振総合振興	礼文	伊達	鵡川		豊浦	追直	
	大岸	黄金			虻田	登別	
	有珠	イタンキ					
日高振興局	富浜	春立	冬島	笛舞		三石	庶野
	門別	目黒	荻伏	歌別		様似	
	厚賀	鳧舞	東栄	東洋			
	節婦	東静内	鵜苫	えりも岬			
	静内		旭				
十勝総合振興	音調津	大樹	厚内	旭浜（大樹）			大津
釧路総合振興	千代ノ浦	仙鳳趾	榊町	老者舞	白糠	厚岸	
	桂恋	床潭	浜中（釧路）	琵琶瀬	昆布森		
根室振興局	友知	走古丹	於尋麻布		尾岱沼		歯舞
	沖根婦	別海	オッカバケ		標津	落石	羅臼
	トーサムポロ	薫別	相泊		松法		
	幌茂尻	峯浜	床丹		知円別		
オホーツク総合	知布泊	芭露	興部	栄浦	斜里		ウトロ
	鱒浦	登栄床	沢木	富武士	常呂		能取
	呼人	幌内	浜佐呂間		湧別		サロマ湖
	常呂河口	浜佐呂間	富武士		沙留		元稲府
					雄武		
石狩振興局	濃昼	古潭	浜益	厚田			
後志総合振興	祝津	神岬	有戸	栂岸	神恵内	古平	余別
	塩谷	盃	構澗	政泊	泊（後志）	美国	
	忍路	茶津	鮫泊	厚瀬		寿都	
	余市	敷島内	美谷（歌棄）	軽臼			
	幌武意	尻別	入舸	千走			
	入舸	日司	野塚				
檜山振興局	狩場	宮野	江差追分	上浦	豊浜	久遠	須築
	鵜泊	平浜	上ノ国	長磯	乙部	青苗	
	太田	白泉	奥尻				
渡島総合振興	原口	函館湯川	沼尻	中の川	館浜	江良	大島
	清部	志海苔	掛澗	木古内	吉岡	福島	小島
	茂草	石崎（銭亀沢）	鷲ノ木	北斗	戸井	函館	山背泊
	静浦	小安	蝦谷	住吉	大澗	臼尻	
	札前	釜谷（戸井）	石倉	古部	尾札部	砂原	
	大沢朝日	汐首	関内	木直	鹿部	熊石	
	白神	日浦	相沼泊川	川汲	本別		
	岩部	女那川	山越	大舟	落部		
	知内	恵山	黒岩		八雲		
	大中	長万部	国縫	静狩			

（出所）水産庁

漁業の生産量（栽培・養殖を含む）をみると図表3－6の通りである。平成二十七年の速報値では、年間約百万トンであり、これは統計を取り始めた昭和三十三年以降最も低い。生産金額は、ホタテ貝やサンマなどの魚価高から前年比三％増の三〇一七億円になった。

魚種別では平成二十六年の金額ベースで①ホタテ貝②サケ③コンブ④イカ⑤サンマ⑥スケトウダラ⑦タコ⑧ナマコ⑨ウニの順となっている。

もう一つ特徴的なことは、栽培漁業の割合が増えていることである。栽培漁業の割合は、昭和五十五年頃は一〇％程度であったが、最近では六〇％程度にまで高まっている。（図表3－6）

北洋漁業の二〇〇海里規制が厳しくなり、気象条件の変化から沿岸漁業の漁獲量が減少する中、「守り育てる漁業」への転換が進められているのである。

本書のモデルとして取り上げる釧路は、古くはアイヌとの、サケの交易の場として始まり、現在でも、サンマ・サバ・イワシそれに海藻の昆布など、日本有数の水揚量を誇

図表 3-6　北海道の海面漁業生産量

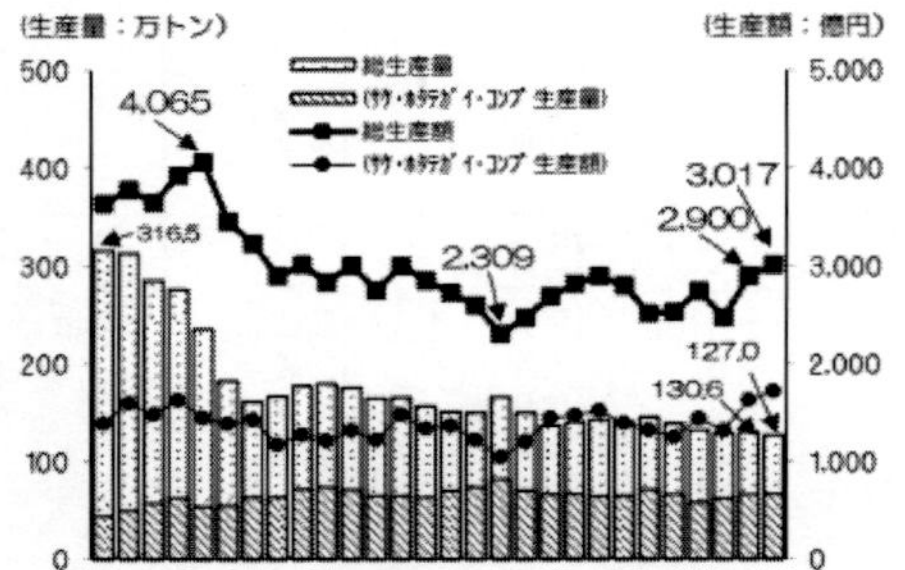

資料：北海道水産林務部「北海道水産現勢」

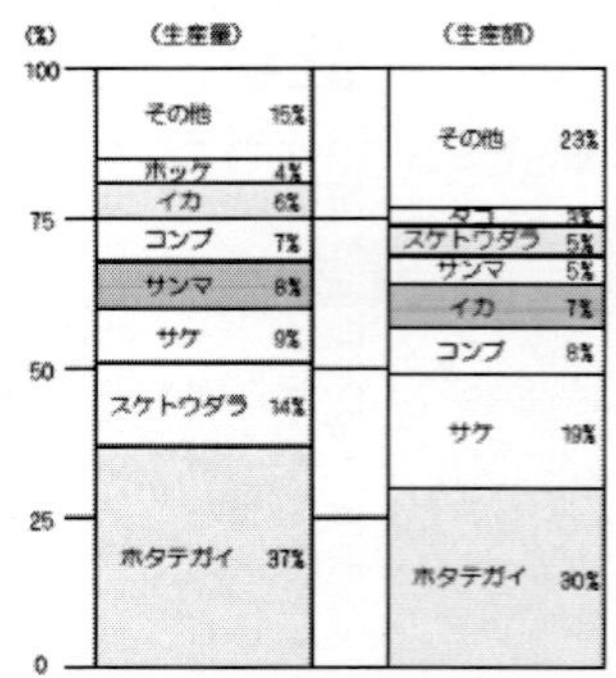

資料：北海道水産林務部「北海道水産現勢」

出所）水産庁

っている。

小樽はニシンが豊漁の頃には「ニシン御殿」がたつほどの繁栄ぶりであった。また、函館は従来からのコンブ、イカ・サケ・マスに加えて、最近ではアワビ・ホタテ等の養殖漁業の一大集散地となっている。

これらの地域は、いずれも戦後から一九七〇年代までは北洋漁業の大集散地として繁栄したのである。

その後は相対的に、ポジションは低下しているとはいえ、その加工も含めて、地域の基礎産業のひとつであることに変わりはない。これをどのように守り育てていくかが、大きな課題である。また、収穫された水産物をどのように地域ブランドに育てていくかも大きな課題である。

⑷ 観光資源としての港

地方都市の中には今でも港を観光資源として活用しているところは多い。本書でとり上げる函館や小樽・釧路はまさに港を観光資源の中核としてとらえている地域である。

釧路については、明治初期に埋立によって開拓されたまちなみや戦後市民参加によって整備されたウォーターフロント開発が観光の中核となっており、港のポジションが高い。

小樽の場合は、古くからニシンの水揚げが大きな産業であったが、戦後は市民による運河保存の運動が盛り上がり、これがその後のまちづくりにも大きな影響を与えている。特に若者たちによって企画されたボートフェスティバルで行われ様々な試みは現在のまちづくりを考えるとき欠かせないフリーマーケット、歩行者天国や、野外ライブの先駆けともなっている。

函館の場合は、函館山からながめる雄大な港の景観が売り物であるし、明治の開港の際に形成された歴史的建造物やまちなみが重要な観光資源である。ソフトの面でのまちづくりであるイベントや多くの文化活動も港との関連が深い。

このように釧路や小樽・函館は観光資源として港が大きなポジションをもっており、

図表 3-7 入込観光客数

（単位千人）

年度	西暦	釧路	小樽	函館
昭和35年	1960	−	798	530
40	1965	−	1871	1546
45	1970	−	2298	1946
50	1975	−	2343	2609
55	1980	−	2439	2668
60	1985	−	2724	2729
平成2年	1990	−	4363	4645
7	1995	−	5624	4930
12	2000	7196	8593	4885
17	2005	6894	7560	4843
22	2010	5723	6678	4586
27	2015	7276	7949	4947

（出所）観光庁資料より作成

今後もそれを活用した展開が必要であるが、これからは新しい視点として、国際化を意識した新しいまちづくりのあり方を考えるべきだと思われる。

その内容については第4章に記すが、大切なことはオープンで合理的な港町文化の精神を土台にし、国際化の時代にあったまちづくりやイベントをメリハリある展開にし、研究開発、マーケティング、創作活動などのクリエイティブなまちとして再構築することである。

(5) 市民の憩いの場

港は外来者との交流の場であるだけではなく、市民の憩いの場としても活用される。そのためには、港を市民参加による、まちづくりの活動とつなげることが、重要である。そのための施策として「みなとオアシス」の構想がある。

例えば函館では、末広地区の「赤レンガ倉庫群」大町地区の「緑の島」弁天地区の「国際水産海洋総合研究センター」など港と関連する施設を結んで「みなとオアシス函館」としての空間を提供している。

(6) 災害から人とまちを守る

港は、地震や津波などの自然災害にも、人やまちを守るという大きな役割を果たす。災害により陸地が破壊された時にも、宿泊機能や小さなまちの機能をもつ港には、すぐに船をつけ、大量の救済物資を運んだりすることができる。そのためには日頃からその準備をしておかねばならない。

みなとオアシスとは

「みなとオアシス」とは、海浜や緑地、旅客ターミナルなど、
みなと施設の空間や景観を地域振興のために活用することを目的とした制度です。
国土交通省が認定・登録を行い、住民の交流の場・憩いの場へとつながる美しいみなとづくりを支援します。

古くより商業や流通、漁業の拠点としての役割を果たしてきた、みなとまち。

今後はその歴史や文化、地域性を活かした街づくりが求められています。

魅力的なイベントの開催や地域活動を通し、みなとを中心とした新たな人の流れを生み出すことが期待できます。

また、住民のニーズやアイデアを反映させた住民参加型の地域振興を継続的に行い、地域との連帯性を育むことも大切です。

「みなとオアシス」の取り組みにより、みなと·海岸を活用して地域内外の人が交流することができる
“にぎわい交流拠点”をつくり出すこと、そして地域に賑わいを創出し、地域の活性化に貢献することを目指します。

2 釧路港・小樽港・函館港の特徴

ここでは、本書でモデルとしてとらえる釧路港・小樽港・函館港の概要と特徴を記す。

釧路港

釧路港は十七世紀の中頃、松前藩によってアイヌとの交易のために始まっている。当時は実質上「場所請負人」によって支配されていた。

明治になって当初佐賀藩の分領となったが、「場所請負人」の役割は大きかった。

それが変わるのは石炭や硫黄、木材などの産業が発展してきた明治十年（一八七七年）頃からであった。その頃、新しい港をつくるべきだとの計画もなされたが、それが実行に移されたのは、明治三十一年になってからであった。

西港区

東港区

戦後は昭和二十六年（一九五一年）に重要港湾として指定された。

昭和四十四年には、これまで中心であった西港に加えて、東港が完成した。

当港は主要産業であった水産、石炭、紙パルプの物流拠点として発展したが、産業構造の変化で最近は、道東の穀物や酪農関連品の取り扱いが多くなっている。

平成二十三年（二〇〇一年）には「国際バルク戦略拠点港」に指定された。

また、釧路川河口では全国にさきがけてウォーターフロントの開発が進められ、釧路フィッシャーマンズワープＭＯＯが形成された。

また、平成二十三年（二〇〇一年）道内最大規模の耐震ターミナルが供用開始している。

釧路港の現勢としては、入船数が一万六〇〇〇隻、総トン数一、八七六万トンで、貨物取扱量は約一、五〇〇万トンとなっている。

当港ではトウモロコシ等のバルク輸入が多いのが特徴である。

図表 3-8 釧路港の現勢

年次	記事
寛永 9年	松前藩がアイヌとの交易所を開設
明治32年	関税法に基づく開港の指定
昭和26年	出入国管理令に基づく指定、重要港湾の指定(9月22日)
28年	釧路市が港湾管理者となる
30年	検疫法に基づく検疫港の指定
31年	公有水面埋立法に基づく甲号港湾の指定
33年	植物防疫法に基づく木材輸入港の指定
39年	港湾運送事業法の適用を受ける
42年	植物防疫法に基づく植物検疫港の指定
44年	西港区の建設に着手
46年	漁港用地77,000㎡完成
48年	日本欧州運賃同盟フィーダーポートの指定港となる
50年	西港区第1ふ頭完成。
52年	西港区第1ふ頭荷さばき地にコンテナヤード完成
61年	西港大橋完成
平成元年	フィッシャーマンズ・ワーフ第一次計画施設完成(MOO、EGG)
2年	取扱貨物量2,000万トン、輸入穀物100万トン達成
3年	穀物サイロ増設、全道一の貯蔵能力となる
10年	西港区第4ふ頭の建設に着手
	西港区がエコポートに指定
	島防波堤がエコポートモデル事業に認定
11年	釧路港開港百年
14年	西港区第4ふ頭が供用開始
	釧路～釜山間に外貿コンテナ定期航路開設
	西港区第4ふ頭にタイヤマウント型ダブルリンク式ジブクレーン設置
15年	家畜伝染病予防法に基づく動物検疫港の指定
	24時間フルオープン化が開始される
16年	西港区第4埠頭に石炭荷役機械(平成17年1月供用開始)設置
	SOLAS条約改正に伴い釧路港保安対策施設整備
17年	西港区第4ふ頭にパナマックス型石炭船が初入港
18年	ほくれん丸、第二ほくれん丸就航
	釧路港東港区耐震・旅客船ターミナル工事着工
19年	津波漂流物対策施設(津波スクリーン)設置
21年	西港区第3埠頭にガントリークレーン(平成21年9月供用開始)設置
23年	東港区耐震・旅客船バースが供用開始
	国際バルク戦略港湾(穀物)に選定
26年	西港区第2ふ頭国際物流ターミナル着手(国際バルク)
27年	臨海部産業エリア促進港に指定(5月)
	西港区第2ふ頭国際物流ターミナル着工記念式開催

(出所) 北海道開発局

入港船舶数と総トン数

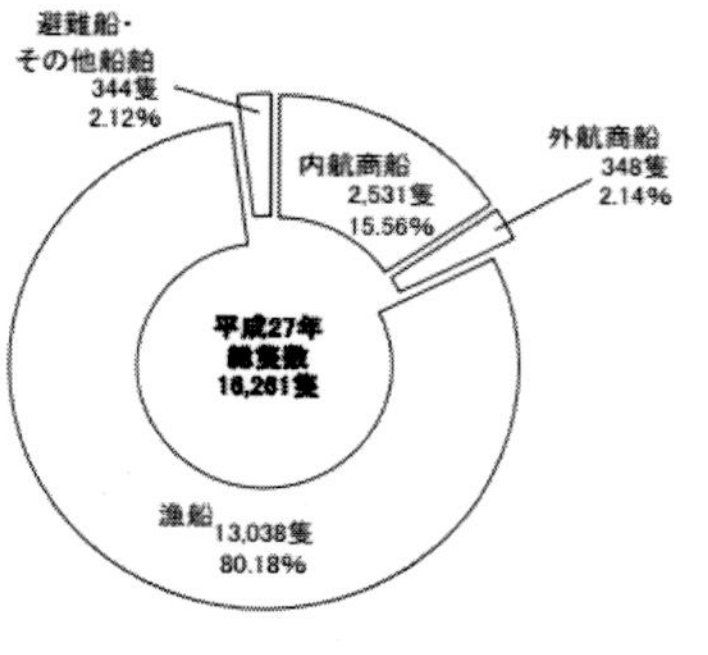

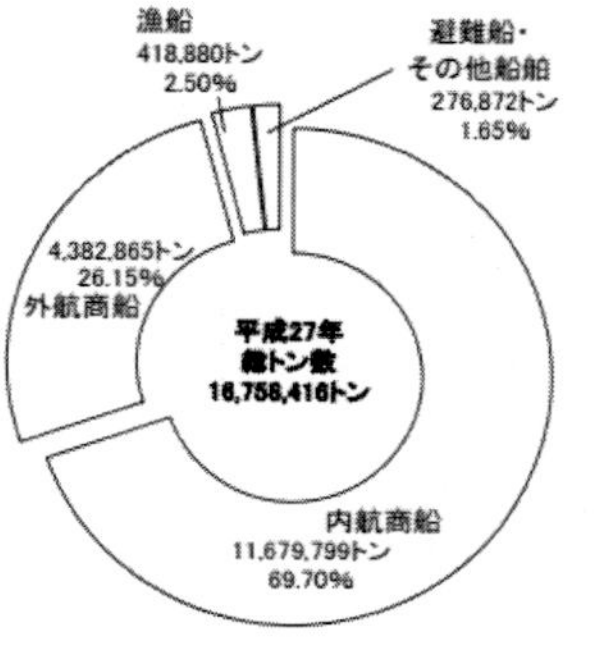

取扱貨物 (単位:千トン)

区分		平成25年 取扱貨物量	平成26年	
			取扱貨物量	主要品種名
外貿	輸出	151	198	金属くず、輸送用容器、水産品
	輸入	2,779	2,824	石炭、とうもろこし、木材チップ
	計	2,930	3,022	
内貿	移出	5,660	5,440	紙・パルプ、その他畜産品、製造食品
	移入	6,948	7,003	石油製品、その他輸送用車両、再利用資材
	計	12,608	12,443	
合計		15,538	15,465	

北海道開発局港

小樽港

小樽港は古くからサケやニシンの漁港として知られており、江戸時代には松前藩により北前船の寄港地となっていた。幕末には「オタルナイ」と呼ばれていた。しかし、近代港となったのは明治になってからである。

明治になると、札幌が北海道開拓使の拠点となったことから、小樽港が北海道内陸部開拓の入り口となった。明治三年（一八七〇年）には札幌と小樽を結ぶ鉄道も開通し、小樽港には石造りの埠頭がつくられた。そして、石狩炭田の開発と石炭の積み出し港となり、北海道開拓使の拠点港として位置づけられるようになった。

その後石狩湾とともに小樽港の整備も進み、明治三十二年（一八九九年）には外国貿易港として近代港としての開港となった。石炭と木材などの重要な輸出港となり、富国強兵作に貢献した。また、明治四十一年（一九八〇年）には近代小樽港の父と呼ばれる廣井勇が小樽港に「北防波堤」を完成させた。（注２）

大正から昭和の大戦前には、諸外国から石油、木材、農産品の受入港、石炭、林産

小樽港

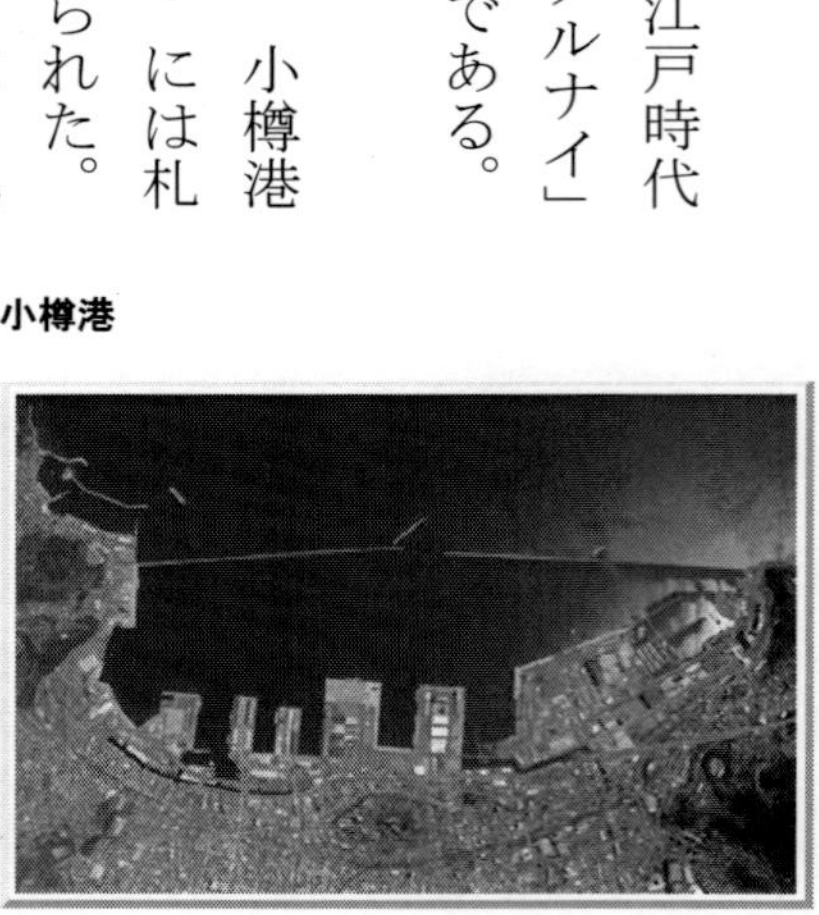

（注２）「北防波堤」は平成 12 年土木学会推薦の「土木遺産」の指定を受け、平成 13 年には「北海道遺産」にもしていされている。

品、大豆等の輸出港となった。大正十三年（一八七九年）には、大型船のための運河がつくられ、はしけが利用された。また、樺太との直行便が就航し、中国進出の拠点港にもなった。

戦後は、港湾の整備によって大型船が岸壁に直接着岸できるようになったため、はしけは不要となり、運河も埋め立てられることになった。これに対しては市民が強く保存運動をおこない、最終的には半分が埋め立てられ、半分は運河として保存されることになった。一九九八年にはここに運河公園ができ、、翌年には築港臨海公園も供用開始された。今ではウオーターフロントが観光拠点として生まれ変わっている。（第4.章参照）

現在の港勢をみると、平成二十七年で、入船数は三、五五一隻、総トン数一、二五〇万トンとなっており、入船数は減る傾向にあるが、総トン数は横ばいとなっている。コンテナ貨物の取り扱いが増えており、特に輸出では一八・七%、輸入では五二・七%にのぼっている。また、貨物取扱量では約一〇、八〇〇万トンであり、家具等の生活用品の輸入や、自動車の輸出が多いのが特徴となっている。

中国・大連などと北海道を直接結ぶコンテナ船、ロシアのウラジオストックとの間のＲＯ－ＲＯ船の定期航路も運航している。

人の交流という面では、国内では新潟　舞鶴を結ぶ大型・高速フェリーが就航している。また、大型客船（クルーズ船）の寄港地ともなっている。

図表3-9 小樽港の現勢

年次	記事
明治5年 ～9年	開拓史による色内村の石造埠頭着工、同7年竣功。開拓使による手宮村の木造ふ頭着工、同10年竣功
22年	特別輸出港に指定
28年	広井勇により第1期小樽築港計画がたてられる
32年	外国貿易港(開港)に指定
41年	北防波堤1,289m完成(第1期小樽築港工事)
大正12年	運河1,324m完成
昭和26年	重要港湾に指定(1月19日)
28年	小樽市が港湾管理者となる
45年	小樽～舞鶴・敦賀間にフェリー就航
60年	道道臨港線建設に伴う第1期運河一部埋立完了
平成2年	小樽港マリーナ供用開始
3年	中央地区再開発事業着工
6年	日ロフェリー試験運航
7年	小樽～コルサコフ間に日ロフェリー航路開設(8年休止)
8年	小樽～ホルムスク間に日ロフェリー航路開設(9年休止) 小樽～敦賀(新日本海フェリー)航路に超高速船就航
9年	小樽～コルサコフ間の日ロフェリー航路再開
11年	築港臨海公園一部供用開始 小樽港開港100周年
12年	小樽～ホルムスク間の日ロフェリー航路再開 港町ふ頭-14m岸壁供用開始 (暫定-13m供用)(中央地区再開発事業)
14年	小樽～敦賀間のフェリー航路 (新日本海フェリー)休止(9月) 小樽～中国間にコンテナ定期航路開設(9月) 小樽～ホルムスク間の日ロフェリー航路 寄港地にワニノを追加
15年	タイヤマウント式ガントリークレーン供用開始(11月)
16年	小樽～ホルムスク旅客航路開設(6月) 小樽～舞鶴航路に超高速フェリー就航(7月) 小樽港縦貫線平磯岬新ルート開通(7月)
17年	小樽港入港外国船籍4万隻達成(7月) 小樽～ホルムスク～ワニノ間の日ロフェリー航路休止(8月)
19年	小樽～中国定期コンテナ航路週2便化
20年	小樽～中国定期コンテナ航路週1便化(東南アジア協調航路に改編)
21年	斜路式ケーソン製作ヤードが「土木学会選奨土木遺産」に選定
23年	日本海側拠点港(外航クルーズ)に選定
25年	小樽～ウラジオストク間にRORO定期航路が就航
27年	コンテナ航路改編(上海に加え大連、青島もダイレクト)(11月)

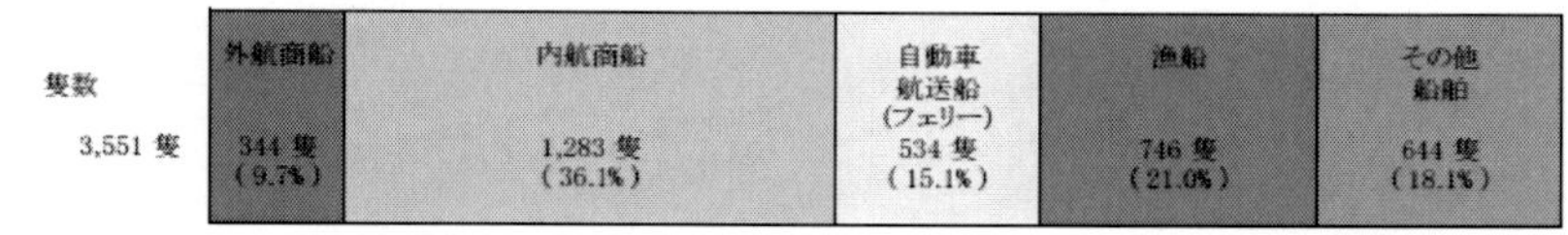

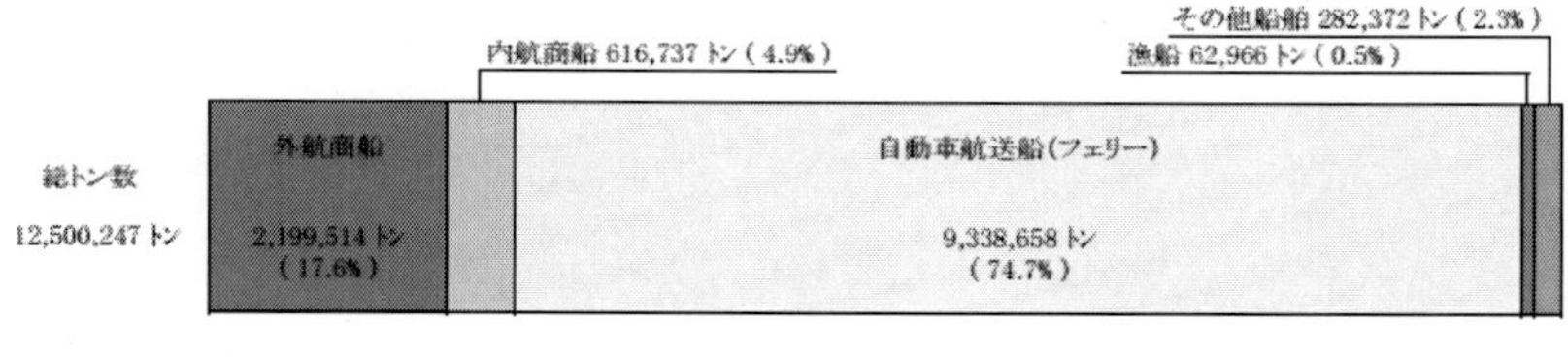

取扱貨物量

(単位:千トン)

区分		平成26年 取扱貨物量	平成27年	
			取扱貨物量	主要品種名
外貿	輸出	104	67	完成自動車、水産品、米
	輸入	357	332	家具装備品、麦、とうもろこし
	計	462	399	
内貿	移出	4,323	4,587	フェリー、水、重油
	移入	5,274	5,904	フェリー、重油、セメント
	計	9,597	10,491	
合計		10,059	10,890	

函館港

北海道・道南に位置する函館港は、室町時代から全国へのコンブの流通拠点となり、「ウスケシ」と呼ばれていた。一五世紀後半ごろからは、和人によってアイヌ防戦の目的で「館」がつくられたことから「箱館」と呼ばれるようになっていた。しかし、江戸時代中頃までは、松前藩の小さな漁村にすぎなかった。

函館が大きく位置づけられたのは一八一〇年、北前船でやってきた高田屋嘉兵衛が、ここを拠点に北前船の全国ネットワークをつくり、北洋漁業の開発を始めたためである。高田屋嘉兵衛は港を築き、造船所などをつくるとともに、開墾や道路工事、養殖事業など、まちづくり全体にもかかわり、現在の箱館のもとを築いた恩人である。(第1章参照)

このように、港町として早くから発展していたこともあって、一八五三年、米国のペリーが来航し、開国要請にあたっても、比較的スムーズに開港に応ずることが出来た。

函館港

(出所) 北海道開発局ホームページ

一八五九年には、日本で最初の国際貿易五港の一つとして、日本開国の窓口となった。その結果、西欧文化の流入基地として大きな役割を果たした。

また、明治四十一年（一九〇八年）には青函連絡船が開通し、本州と北海道を結ぶ大動脈となった。この連絡船は物流面だけでなく、本州と北海道を結ぶ人の移動に欠かせない者であり、そこに様々なドラマが生まれた。

戦後の昭和二十六年（一九五一年）には北海道重要港湾として指定され、北海道の入口として、また北洋漁業の基地としておおいに繁栄した。

しかしその後、北洋漁業の縮小、青函トンネルの開通、他港湾の発達などから物流機能が変化し、港としての機能は相対的に低下した。

そのような状況から脱却するには、港の機能を狭くとらえるのではなく、観光やまちづくりと関連させて広くとらえることが必要となった。そうしたなかで、平成十七年（二〇〇五年）には「賑わいと親しみのある活力ある函館」という港のビジョンがうちだされた。その中ではすでに国際観光やウォーターフロントの重要性が盛り込まれている。それらは簡単に実現するものではないが最近はコンテナ化の推進や大型客船の受け入れを含めて新しい動きも出てきている。

函館港の現勢としては、平成二十七年で、入船数は約一万三〇〇〇隻、総トン数三、六〇〇万トン、取扱貨物三、三〇〇万トンであり、最近は入船数、取扱貨物量とも減少傾向にある。（図表3－10）

取扱貨物としては、セメント、砂利、木材のウェイトが高いが、今後は高付加価値貨物の増加が求められる。

平成十七年（二〇〇五年）には外貿コンテナ定期航路として中国、韓国とつながった。また、モータリゼーションと関連して青森とのフェリーが拡充されている。外国との対応では、ＪＲ函館駅裏に大型客船（クルーズ船）が着岸できるふ頭が建設開始された。この完成により函館の国際化やまちづくりに弾みがつくものと期待される。（第5－4章参照）

図表3-10 函館港の現勢

年　次	記　　事	年　次	記　　事
安政元年	神奈川条約に関わる薪水供給港に指定	平成2年	函館シーポートプラザ ピアマーケットオープン(民都市)
6年	日米修好条約に関わる外国貿易港に指定	3年	メモリアルシップ摩周丸港湾文化交流施設(民活法)
明治40年	第二種重要港湾の指定	9年	湾岸道路第一工区(ともえ大橋)開通
41年	青函連絡船開設(「比羅夫丸」就航)		函館～青森間フェリー航路(東日本フェリー)
昭和25年	植物防疫法に基づく輸入港に指定(大正13年開設)		に超高速フェリー「ゆにこん」就航
26年	重要港湾の指定(1月19日)	12年	函館～青森間フェリー航路(東日本フェリー)
	港湾運送事業法の適用を受ける		の超高速フェリー「ゆにこん」運航中止
	出入国管理令に基づく出入国港の指定	14年	港町地区(港町ふ頭)-14m岸壁供用開始
	検疫法に基づく検疫港の指定	15年	函館国際貿易センター開設
28年	函館市が管理者になる	16年	港町地区(港町ふ頭)-12m岸壁供用開始
	港湾区域設定	17年	外貿コンテナ定期航路(韓国・中国)開設
29年	関税法に基づく開港の指定(安政6年運上所開設)		港町地区(港町ふ頭)コンテナヤード供用開始
39年	函館～大間に道南海運(現在の東日本フェリー)		函館～釜山コンテナ定期航路開設
	フェリー航路開設	20年	函館～青森(高速船)(在来船)、函館～大間：東日本フェリー(株)航路休止
42年	函館～青森に道南海運	21年	開港150周年を迎え、様々なイベントを開催
	(現在の東日本フェリー)フェリー航路開設	24年	北海道みなとオアシス登録(名称：みなとオアシス「函館」)
47年	函館～青森に道南自動車フェリー航路開設	26年	北ふ頭地区耐震強化岸壁暫定供用開始
	函館～青森に共栄運輸フェリー航路開設		弁天地区船だまり-6.5m岸壁供用開始
	函館～青森に北日本海運フェリー航路開設		函館市国際水産・海洋総合研究センター供用開始
49年	万代地区(万代ふ頭)-10m岸壁供用開始		
56年	湾岸道路着工(現地は昭和58年着工)		
63年	青函トンネル開通		
	青函連絡船廃止		

（出所）北海道開発局

入港船舶数

区分／年次	外航船		内航船		計	
	隻数	総トン数	隻数	総トン数	隻数	総トン数
平成27年	224	3,283,905	12,807	33,407,129	13,031	36,691,034
平成26年	215	4.029.731	13.257	33.977.461	13.472	38.007.192
差	9	△ 745,826	△ 450	△ 570,332	△ 441	△ 1,316,158
指数	1.042	0.815	0.966	0.983	0.967	0.965

取扱貨物量

（単位：千トン）

区分		平成26年取扱貨物量	平成27年	
			取扱貨物量	主要品種名
外貿	輸出	642	1,045	セメント、金属くず、原木
	輸入	666	650	石炭、非金属鉱物、石油製品
	計	1,308	1,695	
内貿	移出	18,155	17,386	フェリー、セメント、砂利・砂
	移入	15,083	14,320	フェリー、窯業品、石油製品
	計	33,238	31,706	
合計		34,546	33,401	

北海道開発局港湾

（出所）北海道開発局

第4-1章　ウォーターフロントの開発とまちづくり　-釧路-

編集部

1　釧路港の歴史

縄文時代

地球が今より温暖であった一万年前、縄文前期・中期から人々は釧路川河口に住みつき、続縄文時代にはこの地域で活動していた。釧路湿原の北で発掘された「北斗遺跡」はその規模と同じ場所に重層的な住居跡がある等大きな発見であった。（注1）

釧路アイヌ

この縄文人とアイヌの関係や、アイヌがいつどのように釧路にすみつくようになったかは明確でないが、一七〇〇年代半ばには様々な酋長とその一族が活躍していたようである。

北斗遺跡の住居跡

（柱１）北斗遺跡は 1977年に発見された。縄文時代に何世代にもわたる住居遺跡が残っているということで貴重な遺跡である。

江戸時代には、松前藩が「クスリ交易所」を開き、アイヌとの交易の場となっていた。

「クスリ交易所」とは特定の産品（昆布・鮭等）を産出する区域を「場所」として指定し、アイヌ交易権を「場所請負人」に委譲する仕組みである。この「場所請負人」は産品の管理をするだけでなく、アイヌの慰撫、漁業の指導、道路等の整備をはじめ、その地区の実質上の独裁的権限をもっていた。

江戸時代末期には、松浦武四郎が北海道探検の途中で、三度にわたり釧路を訪れ、当時の情景を「蝦夷日誌」「武四郎廻浦日記」「久□日誌」等に残している。

松浦武四郎像

北海道開拓使

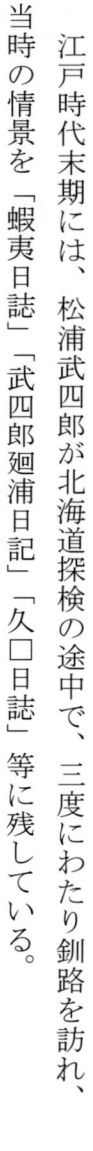

明治維新になって新政府は北海道開拓使の制度をつくったり、北海道開拓にのりだしたが、予算のないもとでの活動は容易でなかった。

当初は諸藩の分領として移住による開拓をめざした。釧路地域においては佐賀藩が割り当てられたが、実際の運営にあたっては、従来からの「場所請負人」であった佐野家の「米屋（こめや）」が大きな役割を果たした。その史跡は今でも「佐野公園」に残され、「佐野氏紀功碑」もある。（注2）

諸藩による分領制度は明治三年（一八七〇年）の廃藩置県により廃止され、請負人の役割は低下したが、その役割はその後も続き、新しい仕組みが実質的に動き出すのは、新産業として石炭、硫黄、木材などが育ってきはじめた明治十年ころから後であった。

築港計画から実行まで

釧路にとって、近代的港の構築は長年の悲願であった。明治二十一年（一八八八年）英国人技師G・Sメークを招き、廣井勇博士による築港計画をつくり上げた。しかし、日清戦争、日露戦争の時期で予算がつかず、二十年近く実現しなかった。国の予算がついたのは明治四十一年（一九〇八年）になってからであった。

その後、第二次世界大戦を経て、東港地区、西港地区が整備され、米国のトウモロコシのバルク輸入基地となり、北海道ならびに全国への配給を行っている。

くすり交易所近辺の風景

2　まちの中核としての幣舞橋

釧路は釧路川河口にできた自然港であり、明治になってからは、南側（西地区）を中心にまちが発展した。しかし、人々は川をはさんで、川に沿って住んでいた。川幅が広かったので、その交流・交易には渡し船が使われてきた。それではあまりに不便だということで、民間の有料橋として明治二十二年「愛北橋」が建設された。

これは釧路川に架けられた最初の木造の橋であり、民間の愛北物産会社が私費を投じて造ったものである。

その後も川をはさんで南部と北部の両方で市街化が進んだが、明治三十四年に北海道鉄道の駅が北側（東地区）に建設されることによって情勢は大きく変わった。「南の港と北の鉄道」をつなぐ太いパイプが必要になったのである。そのようにして生まれたのが初代幣舞橋（ヌサマイバシ）である。この名称は、古くからアイヌ語の「ヌサ・オマ・イ（幣神・ある・処）」という地名からきている。

初代幣舞橋

THE HEIMAI BRIDGE OF KUSHIRO.
釧路港幣舞町之幣舞橋

（出所）釧路市『絵葉書によってみる遠い日の釧路』

この橋はその後、百年の中で、それぞれ時代の節目で建て直しが行われ、現在のものは五代目である。（写真）

この建て直しにあたっては市民の大きな期待と積極的な参加があった。

戦後の高度成長の繁栄が終り、産業や貿易構造が変わった。モータリゼーション進展に伴う人口の郊外化が進み、中心市街地が空洞化するという事態の中で登場してきたのが中心地の中核ともなってきた幣舞橋の建て替え計画であった。そのような時であったので、この橋の建て替えにあたっては、商店主、経営者、一般市民等の声を聞くところからはじまり、市民参加の形で計画がつくられた。

五代目幣舞橋の完成は昭和四十五年（一九七〇年）であるが、ここには釧路再興の市民の気持ちが強く表れている。

まず旧橋のイメージを残してほしいとの声を土台に、花崗岩による重厚なデザインとされた。一四基の照明燈も細心の注意がほどこされている。また、世界にも通用するデザインということで、ヨーロッパ風の仕上げとなっている。

現在の幣舞橋（5代目）

さらに、翌年には「道東の四季」をあらわす像を民間の芸術家に依頼して、つくってもらった。（写真）

これらの結果、幣舞橋は釧路の象徴としてだけではなく、北海道、道東の象徴となったのである。

3 ウォーターフロントの開発

釧路のまちづくりのために、釧路川河畔にショッピングモールをつくろうとの構想が持ち上がり、釧路河畔開発公社が設立されたのは、昭和四十三年（一九六八年）であった。

これは、若手経営者や市民、行政を巻き込んだ地域をあげた取り組みであったが、意見の取りまとめに時間がかかった。様々な案が検討された結果、港湾の倉庫などを有効活用しようということで、ウォーターフロントの開発という方向が固まり、一九八七年「釧路フィッシャーマンズワープ研究会」が結成された。これは日本におけるウォーターフロント開発の先駆けといえるものであった。

「道東の四季」

翌年には、西武百貨店（堤清二社長）が参画し、自治体、北東公社、民間企業による第三セクターとなり、計画が一挙に進んだ。

平成元年（一九八九年）、フィッシャーマンズワープＭＯＯ（Ｍａｒｉｎｅ Ｏｕｒ Ｏａｓｉｓ）と全天候型植物ＥＧＧ（ Ｅｖｅｒ Ｇｒｅｅｎ Ｇａｒｄｅｎ ）が地元出身の建築設計家　毛綱□のデザインによって完成した。

フィッシャーマンズワープの建物面積一六〇〇〇㎡に及ぶ壮大な施設で、中には水産市場、飲食店、レジャー施設、サービス施設を含む総合的なものである。

この施設を活かすために、翌年には協立海上運輸による高速グレース号の定期観光も始まった。

MOOEGG

（出所）釧路フィッシャーマンズホームページ

施設の概要

名称	釧路フィッシャーマンズワーフMOO・EGG	
住所	〒085-0016　釧路市錦町2丁目4番地	
TEL	0154-23-0600	
開館時間	物販ゾーン	09:00〜19:00　（7〜8月） 10:00〜19:00　（1〜6月・9〜12月）
	レストランゾーン	11:00〜22:00
入館料	無料	
休館日	年末年始	
アクセス	釧路駅から車で約5分	
障害者支援	車椅子有、専用トイレ有、点字案内有、 専用エスカレーター有、係員呼出外部ホン有	
その他設備	有料駐車場、都市間高速バスターミナル	

バブル崩壊と西部の撤退

このように市民の期待に応えて設立されたフィッシャーマンズワープであったが、その後のバブル崩壊の中で一九九〇年には、西武百貨店の西武ショップと外商部が撤退し、二〇〇三年には無印良品が閉店、サッポロライオンも道東から撤退するという事態がおこった。施設の魅力度は低下し、空き店舗と客数減少が続き、結果として債務超過の状況となった。

再興の努力

そのような状況を放置できないということで、自治体を中心に様々な再興の努力がなされることになった。

釧路市が公社からMOOの施設を買い取り、公共施設である釧路市健康康推進室、就職相談室「ジョブカフェ釧路」観光交流センター等を入居させ、施設の全面的リニューアルを果たした。二〇〇八年にはテナントが一〇〇%に達して再スタートした。

第 4-2 章　運河保存とまちづくり

—小樽—

編集部

小樽港

小樽はもともとはアイヌの地で、オタルナイと呼ばれていたが、江戸時代には北前船の最終港となった。松前藩のもとでオタルナイ場所としてニシンや鮭の漁場でもあった。

明治になって日本で第三番目の鉄道（幌内鉄道）が開通し、水産物とともに石炭の積み出し港として港が大きな役割を果たした。日露戦争後には樺太との関係で定期船が運航された。

海岸線が埋めたてられ、大型船時代に対応するため、はしけ用の運河が造られた。運河が完成したのは大正十二年（一八七九年）、河岸には石造倉庫がつくられ、まちは賑わった。その頃には加賀、能登、越前、越中などの商人も集まって人口が急増し、大正十一年（一八七八年）の人口は一一万八〇〇〇人になった。その前年までは小樽市が札幌を上回っていた。ところが、この年から札幌市が小樽市を上回るようになり、以降は格差が急速に拡大した。

運河保存運動

昭和四十一年（一九六六年）には大型船に対応する中央埠頭が造られることになり、都市計画で運河の使命は終わったものとして、運河を埋めたて自動車道路にすることになった。

運河に愛着をもっていた市民は一九七三年に「小樽運河を守る会」を立ち上げ、ほぼ一〇年間にわたる運河保存運動がはじまった。この会には一時は二八〇〇名もの参加があったが、どちらかというと陳情型で緩やかなものであった。途中に、初代会長が自社の不調もあり、自殺においこまれるという事件もあり、事務局長も退陣せざるを得なくなった。結果として運動も停滞していった。

ボートフェスティバル

第１階ボートフェスティバル

そのような時に突如現れたのが若手グループによる全く新しい運動である。それは若手グループが中心となった「夢のまちづくり実行委員会」であった。このグループは一九七七年に結成され、翌年、「第一回ボートフェスティバル」を開催した。このイベントは予想を上回る三万人が参加した。このイベントは毎年開催され、一九八四年には二〇万人を超す参加者となった。この会では、ボート上での野外ステージ、倉庫ではギャラリーやシンポジウム、それに公園ではちびっこ広場など盛り沢山となった。

フェスティバルは第7回で終了したが、若者がリーダーシップをとり、市民が直接にまちづくりに参加したという点では大いに評価されるべきものと考える。

それらの運動の結果、運河の幅半分は残されることになり、一九八六年、道々、公園、散策路と運河周辺の整備が完成し、周辺には民間企業によるガラス館やオルゴール館などができ、駅前から運河の一帯が魅力ある観光拠点となった。

運河と観光

（出所）小樽市ホームページ

雪あかりの路

その後、一九九八年には「第一回雪あかりの路」が開催された。これは冬場、雪の多い小樽で多くの「かまくら」を造り、中にあかりをつけて、訪れる人にみてまわってもらうという企画である。

また、二〇〇三年から三年間はＮＰＯ法人「潮騒のまちおたる」の主催で手造りトロッコで子供たちを遊ばせるというイベントも開催された。

小樽雪あかりの路

観光へのインパクト

以上のように、小樽運河の保存運動から始まったまちづくりの運動は小樽観光に非常に大きなインパクトを与えた、

小樽への観光客数は一九八五年の一九九万人から二〇〇一年にはピークの八九三万人にまでなった。当時の小樽市の人口は約一五万人であったから人口の六〇倍である。

しかし、まちづくりとしてみると、それはまだ局地的なものにとどまり、中心市街地への周遊や歴史、文化の探索などには十分つながらないという問題を残した。

戦後はニシンがとれなくなり、石炭産業が衰退したこともあり、基盤となる産業が弱体化した。また札幌への人口流出が激しく、都市構造の変化や大店法の影響などもあり、小樽の中心市街地の空洞化が進んだ。中心市街地の一日平均通行者数は二〇〇二年の三・七万人から二〇〇七年には二・九万人まで減少した。商店街はシャッターダウンの店が目立つようになった。

それに対しては、一九六六年に商店街のアーケード設置、七八年にはカラー舗装、八五年水銀燈設置などが実施されたが、流れを変える程の効果はなかった。

このことは小樽だけでなく、全国でおこっていたことなので、政府は旧来の基本計画を途中でとりやめ「新まちづくり三法」に基づく「中心市街地活性化基本計画」を作成した。それに基き二〇〇八年からは①回遊性を高めることによるまちなかのにぎわいの創出、②居住環境の整備によるまちなか居住の促進、③宿泊滞在型の観光への転換によるまちな

運河プラザ

かでの宿泊の促進を打ち出した。

具体的には駅前の再開発事業を本格化させ、駅前に巨大なショッピングモールやホテル、マンションなどを建設することにより、都市の中心性を回復させるという方針である。これが呼び水となって市街地活性化の投資が爆発するかどうかである。

今後については、小樽の伝統であった市民参加のまちづくりがうまく機能するかどうかが問われる。

＊＊＊

若者による運河保存運動　（インタビュー）

「運河保存運動」は若者がリーダーシップをとることで、市民の身近なテーマとなりました。」（小川原格さん）

―「小樽運河を守る会」の運動と突如出てきた若者の運動はどのような関係だったのですか。

（小川原）小樽はメーデーが日本で最初に開催されるなど、労働運動が盛んなまちでした。小樽運河が埋めたてられると聞いて市民が「小樽運河を守る会」を立ち上げ、その運動への参加者は二八〇〇人にも達していました。

この運動は、右から左まで幅広い層が参加していましたが、陳情中心の比較的穏やかなものでした。ところが初代会長が自営会社の倒産などもからんで自殺に追い込まれ、事務局長も退陣を余儀なくされたため運動は低迷してしまいました。

私が東京から戻った一九七七年頃はそのような状況で運動参加者の中でも、あきらめムードが漂っていました。ところが東京で学生

＊＊＊

運動をしたり、パリなどでアーティストの経験を持つ若者からすると、この運河こそが「小樽人の心のふるさと」であり、歴史をもつ倉庫群はきわめて重要なものだと改めて実感しました。

たまたま佐々木、山口、私(小川原)の三人が出会い、何かやらなきゃと意気投合したのです。喫茶店やそば屋の倉庫で話しているうちに次々と仲間が集まってきたのです。

まずは多くの市民に運河の大切さを肌身に感じてもらうために、運河を使ったイベントをしようということになり、第一回ボートフェスティバルを企画したのです。

―ボートフェスティバルは、どのようなものだったのですか。

(小川原)まさに学園祭の乗りでしたネ。はじけを組んでステージをつくり、アーティストがライブをするのですが、その準備は全部自分達でやる。

店があったほうがいいというので呼びかけたところ、五〇〇店ぐらいが出店することになりました。今のフリーマーケットのはしりですが、全部自分達で企画し、準備する。

その頃は、小樽のまちに繊維問屋も多かったので、そこから布をわけてもらい、自分達でプリント印刷し、シャツやのぼりを手作りする。

ボートフェスティバルは二日間開催するのですが、はじめは二〇〇〇~三〇〇〇人ぐらい集まればよいと思っていたのですが、開いてみると、その一〇倍の三万人ぐらいが集ま

＊＊

ってくれました。

マスコミが大きく取り上げてくれたこともあり、「小樽で何かがおこっている」ということになったのです。

―この若者の活動で運河保存運動は息を吹き返すことになりましたネ。

（小川原） ボートフェスティバルに参加した人たちは必ずしも、運河保存派ばかりではなかったのですが、運河でのイベントに参加することによって、やはり運河が自分達の心のよりどころだと気付きました。

商店街の人もお客が増え、まちが活気づくので、この運動に親近感を持つようになりました。

それらを背景に私たちは運河とまちづくりの研究会やシンポジウムを開催し、市民レベルでのまちづくりの議論をすすめました。

ボートフェスティバルは毎年開催し、一九八四年には二十万人を上回る参加者を集める大きなイベントとなりました。

―そのような運河保存運動の盛り上がりもあり、運河は半分だけですが保存されることになり、散策路や公園も整備されました。その後もボートフェスティバルは続きましたネ。

（小川原） ボートフェスティバルは市民のイベントということで一七回続きました。しかし、運河を保存しようとの強いメッセージがなくなり、リーダーたちも年を取り、自分の仕事で忙しくなってきたこともあり、ボートフェスティバルは一七回で終了することにし

＊＊

ました。
イベントの存続についてはは内部でも様々な議論がありましたが、次の目標と次の担い手が出来た時に再結集すればよいとの結論になりました。

―運河を活用したイベントとしては、なくなってしまったのは惜しいように思いますが、その後はどんな流れになっているのですか。

（小川原）　確かに運河保存という運動の旗はなくなりましたが、まちづくりの重要性は変わっておりません。
その中ででてきたのは、運河の周辺を中心に冬場の雪を利用して「かまくら」をつくり雪あかりの路を歩いてもらおうというイベントが立ち上がりました。これには三〇〇〇人ものボランティアが参加し、五十万人が訪れる大きなイベントに育ちました。このように、小樽市民のまちづくりに関する底力は今も残っているのです。

第 4-3 章　新幹線開通とまちづくり

―函館―

編集部

1　新幹線開通

二〇一六年三月二十六日、本州と北海道を結ぶ新幹線が開通し、東京―函館を約四時間で結ぶことになった。現在往復一三本の運行体制であるが、輸送能力は従来の二倍以上である。開通後六カ月の乗車率はまだまだ低いが、この開通により航空機やフェリーの利用が大幅に減少するという事もなかったので、全体としての入込客数は年三〇％程度の増加となっている。

特にゴールデンウィークや夏季シーズンの増加率は平年の2倍にも達していた。この影響によりホテル、ロープウェイ、路面電車、土産物店、娯楽施設などの観光関連施設の利用が増え、ホテルや公共施設の建設ラッシュなども加わりおり、そ

図表 4-3-1 新幹線のコース

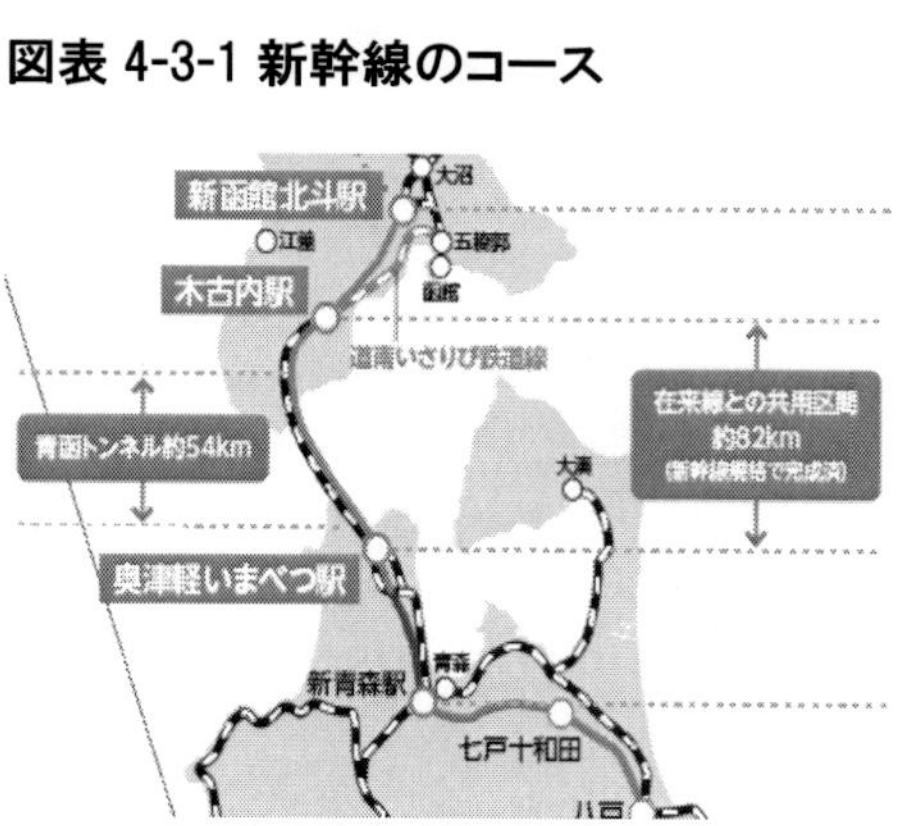

の波及効果を含めて函館のまちは活気づいており、新幹線の効果は大きかった。（図表4-3-2参照）

ここ十数年にわたり、「新幹線開通を契機とするまちづくり」というテーマを追いかけてきた立場からすると確かに一つの山を越えたという気がする。（注1）

図表4−3−2　新幹線開通後の入込観光客の推移

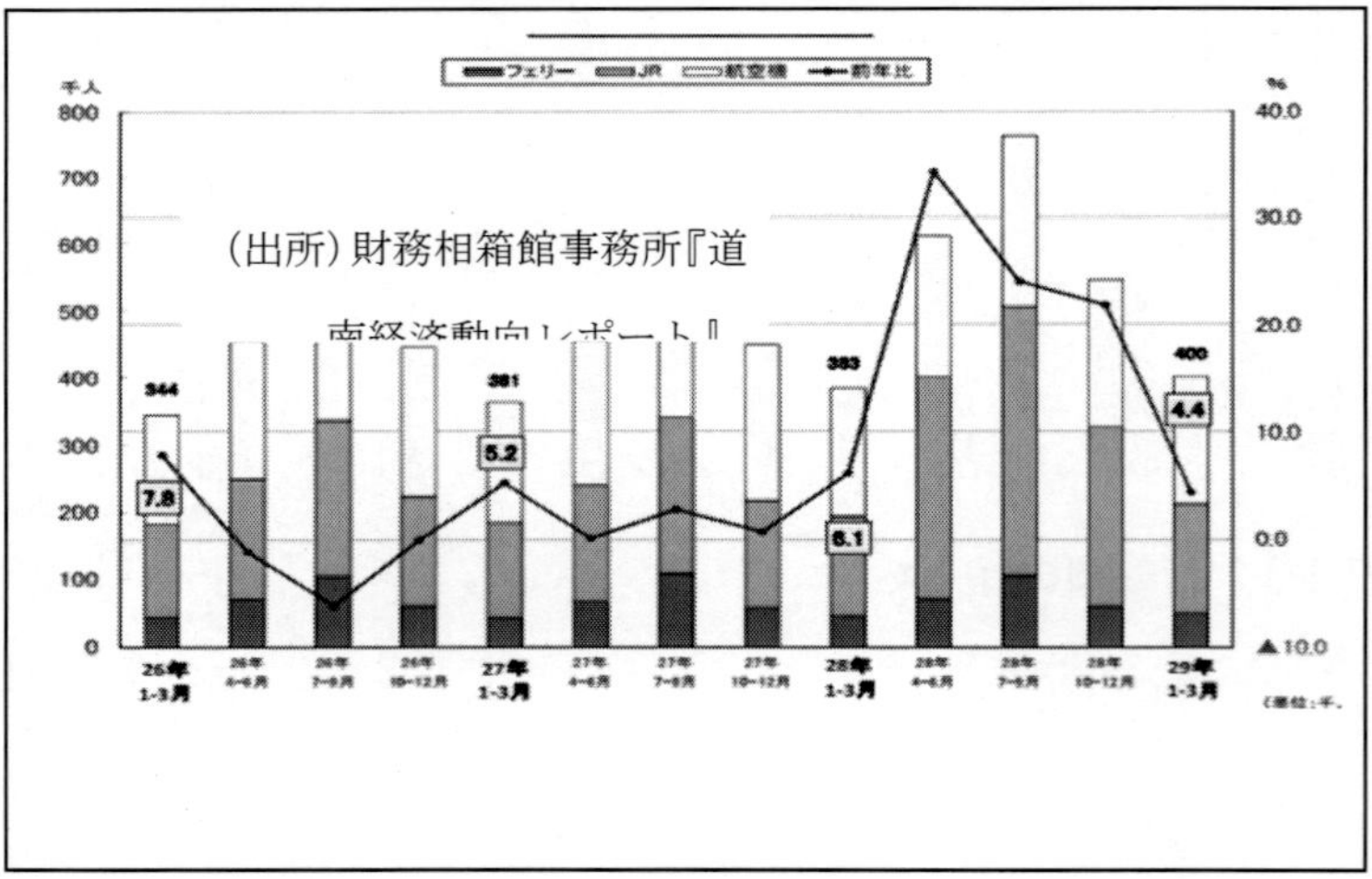

（注１）エコハ出版ではこれまでに、「新幹線の到来を契機にしたまちづくり」という出版やセミナー・シンポジウムで様々な提言をしてきた。出版としては『地域活性化の理論と実践』『観光マーケティングの理論と実践」等がある。

長期的な視点で函館観光の推移をみると、交通手段のイノベーションによって入込客数が階段状に増加してきたことは、長期の入込客数の推移をみるとよくわかる。（図表4－3－3）

函館の入込観光客数は、一九六〇年までは年間一五〇万人の水準であったが、一九八二年の青函トンネルの開通により一挙に二〇〇万人を超え、一九九一年の空港におけるジェット機対応、一九八七年の函館山ロープウェイの大型化などにより、年五〇〇万人を超える水準となった。その後は日本経済の低迷、海外旅行へのシフト、気候の不順などが重なって、長く低迷が続いたが、この度の新幹線開通は新たな段階を画するものとして評価できるであろう。

しかし、この新幹線の開通はこれまでの観光のパターンを変えるものかどうか函館観光がかかえていたこれまでの課題をどれだけ克服するものかはこれ

図表4.-3.-3 長期的な入込観光客の推移　単位：千人

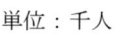

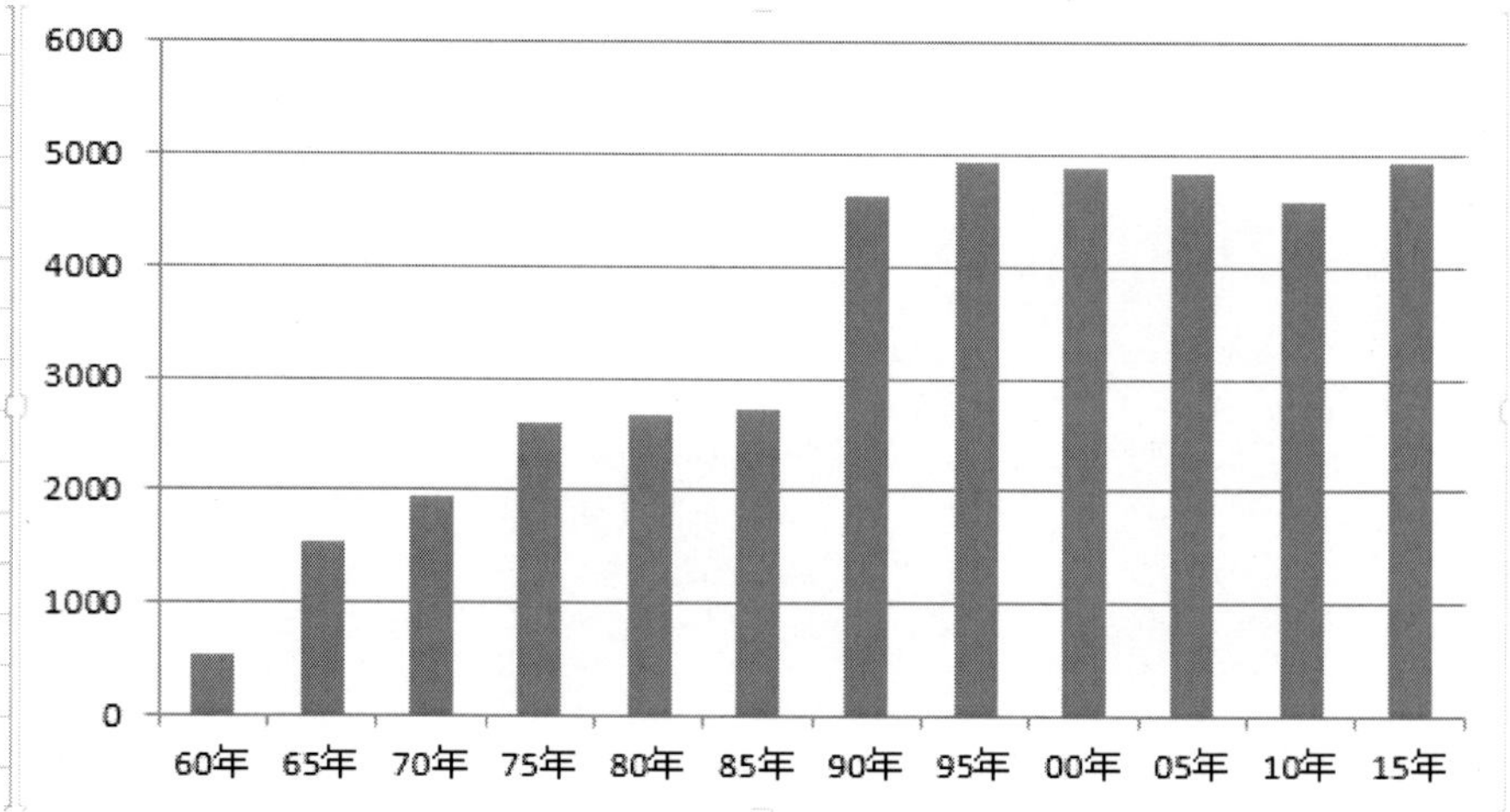

からにかかっている。

2　函館観光の課題

ここ十数年来議論してきたまちづくりのあり方を含めて、この機会に整理しておくことにしよう。

これまでの函館観光の課題としてあげられてきたのは次のような点であった。

①函館での滞在日数は平均二・七日であり、宿泊は確保されているが、すぐに見終わってしまうという問題点があった。

②函館への交通費や宿泊費は、海外旅行などと比べて相対的に高く、リピート訪問までの期間が長い。

③シーズンが春・夏に集中しており、シーズンオフの対策が求められている。

④周遊場所が函館山・倉庫群・五稜郭タワーなどに集中しており、広域観光になっていない。

⑤景観の美しさや飲食への満足度は高いが、函館の歴史の深みや市民の文化に触れたことの感動はそれほどでもない。

以上のことは、筆者が函館勤務の時に、色々な形で問題を提起してきたところであるが、それらに根本的に応える準備が出来てきたかどうかは疑問である。（注2）

3 国際的視点でみる函館観光

これまで何かにつけ新幹線到来をターゲットにした観光やまちづくりのあり方を議論してきたが、既に新幹線が開通してしまった今、やり残されている課題は沢山あるが、次のターゲットがあった方がいいと考えられる。次のターゲットとしては、オリンピック開催を契機とする国際化だと考えられる。エコハ出版では、このことについても議論を始めている。（注3）

今回はそのシンボルとして港町文化とのかかわりを中心に現状を整理しておく。

（注2）提起した課題については多くの人が共有してきたものであるが、様々な事情で手が付けられなかったり、手は付けたが十分実現しなかったものも多い。

（注3）エコハ出版では、2,014年8月に『地域のおける国際化』を発行し、シンポジウムを実施した。

(1)「ペリーロード」

幕末の一八五四年、米国海軍のペリーが函館に来航した。前年に浦賀に突然現れ、鎖国状態の日本に開港をせまったのである。これをきっかけに下田と箱館（函館）の二港を開いた。（小開港）

その後、一八五九年には、米、英、仏、露、蘭に対して、函館、横浜、神戸、新潟、長崎の五港を貿易港として開いた。（大開港）

函館には、そのことを記念する史跡や建造物が多数ある。それらを体系だてて、ウォーキングコースとして紹介することが、まちづくりにとっても大きな意味をもつと思われる。そのため二〇〇九年の開港一五〇周年記念の際、学生と共に「ペリーロード」と「共生の道」を設けることを提案した。それは計画として取り上げられることはなかったが、いまだに価値が大きいと思われるので簡単に紹介しておきたい。

函館にあるペリー像

図表 3－3－4 「ペリーロード」

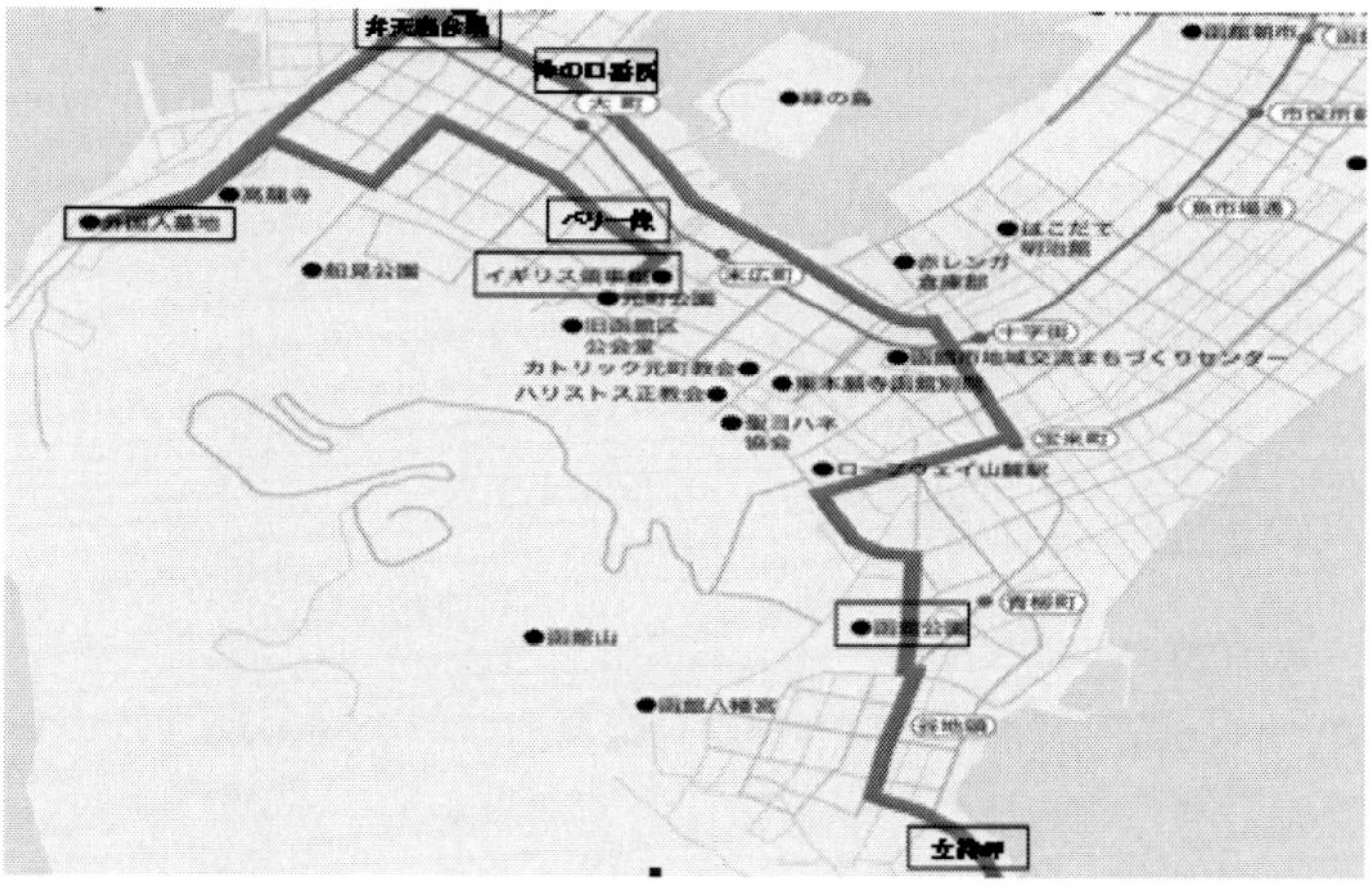

① 立待岬…黒船発見の台場

② 市立函館博物館・・・水平たちが残した洋酒瓶

③ 沖の口番所跡・・・ペリー上陸の地、

バザールが開かれた

函館市臨海研究所

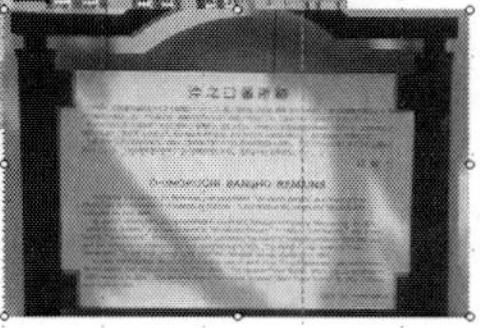

図表 3－3－3(都築)

④ 函館丸・・・続豊治が黒船をまねてつくった帆船

⑤ ペリー会見跡(現在は史跡のみ)

⑥ 弁天台場・・・開港に伴う防衛の拠点

⑦ 外国人墓地・・・ペリー艦隊の２人の水兵が葬られている。葬式には日本人も参加していたと伝えられている。

⑧ 旧イギリス領事館・・・現在は開港記念館となっている。

⑨ ペリー像・・・ペリー公園〈旧函館病院跡地〉にペリーの全身像がある。

(出所) 須藤隆仙著『箱館開港物語』、函館市立中央図書館等より

(2) 共生の道

開港とともに各国は外交のため領事館を開設するとともに教会を建設した。何回かの大火のため移設もあったが、いずれも元町地区の一キロに満たない道沿いに教会や寺院が立ち並ぶことになった。

異なった宗派の教会や寺院がこれだけ狭い地区に共存しているのは、世界でも珍しい。世界が宗教の違いから紛争を引き起こしている現状があるので、平和を求める気持ちをこめて、これを「共生の道」としてアピールするのが良いのではないかと提言した。（注４）

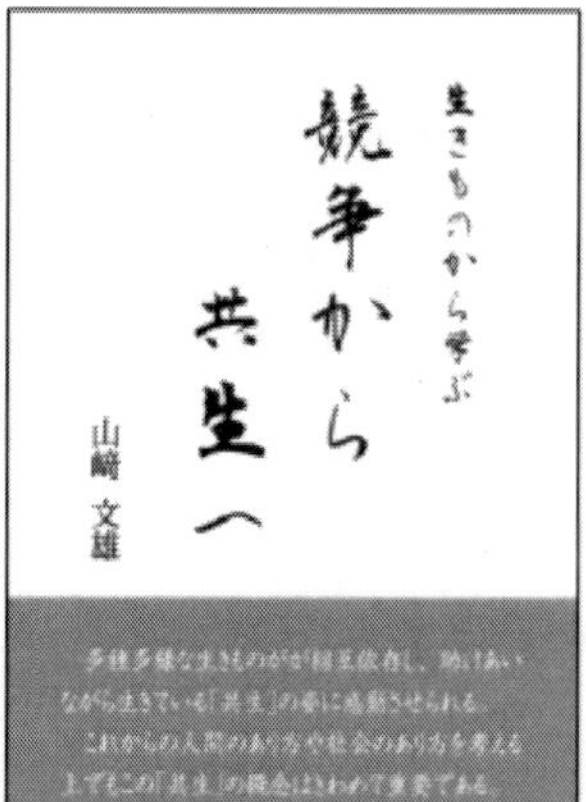

（注４）この用語は国際交流センター（HIS）代表理事の山﨑文雄さんが唱え始めたものである。

図表 3−3−5「共生の道」

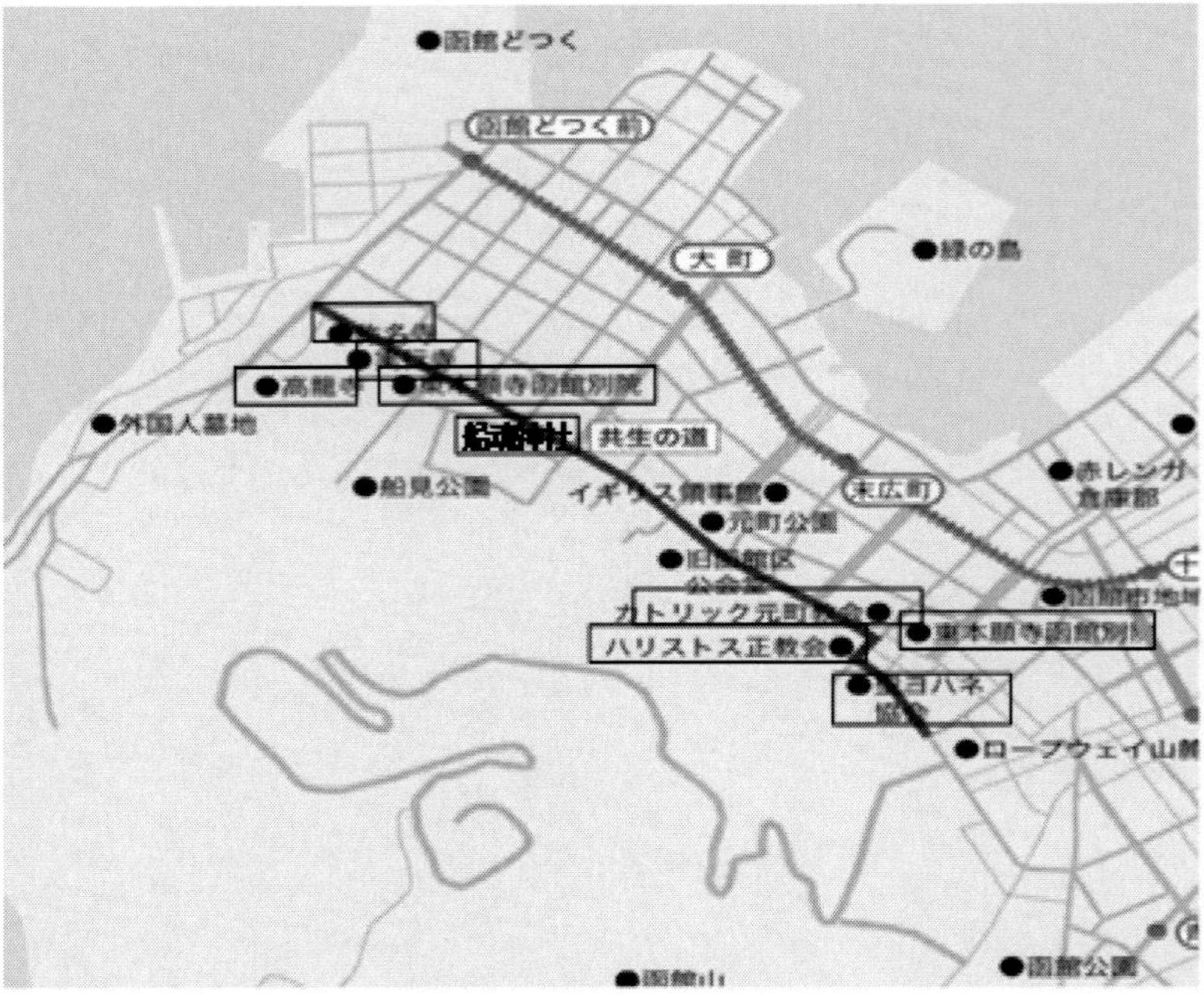

① 船魂神社

② 高龍寺（ロシア領事館の上官が分宿）

③ 東本願寺船見支院

④ 称名寺（イギリス領事館、フランス領事館。今の弥生小学校のあたり）

⑤ 実行寺（ロシア領事館が置かれた。今の弥生小学校のあたり）

⑥ 浄玄寺（アメリカ領事館が置かれた。今の弥生小学校のあたり）

⑥ 護国神社

⑦ 函館八幡宮

図表 2-2-2（続き）

1859 年・フランス人カションン神父が高台に小聖堂を建てた。現在の建物はベルリオーズ司教の尽力でその際、ローマ法王から中央祭壇、壁の十字架上のイエス像等が寄贈された。

1860 年領事館付属聖堂として始まる。
現在の教会は 1907 年ロシア風ビザンチン様式の聖堂として再建された。1983 年国の重要文化財に指定された。

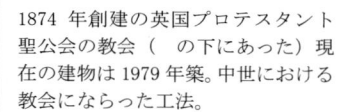

1874 年創建の英国プロテスタント聖公会の教会（　の下にあった）現在の建物は 1979 年築。中世における教会にならった工法。

(3) 函館港まつり

毎年八月一日から五日に繰り広げられる「函館港まつり」は夏の一大行事である。これは一九三四年の大火の後、函館に元気を取り戻させようとして始まったものである。

初日は「道新（北海道新聞）花火大会」で海に浮かぶ緑の島から何発もの花火が打ち上げられる。二日目は西部地区を中心とする市民パレード、三日目は五稜郭地区を中心とする「ワッショイはこだて」で、この三日間だけで二万人以上の市民が参加する。このパレードでは「港おどり」や市民が考案した「イカ踊り」が加わり、東北の「ねぶた」なども加わり、大いに盛り上がる。同時に海岸ではボート競漕、駅前ではストリートライブなどもあり、盛り沢山である。

函館港まつり

(4) クリスマスファンタジー

函館は春・夏が観光シーズンであるが、冬のイベントとして重要な役割を果たしているのがクリスマスファンタジーである。

このイベントは一九九八年、函館青年会議所（当時理事長　星野勉氏）の発案ではじまったものである。姉妹都市であるカナダのハリファックス市から毎年二〇メートルを超える「もみの木」が届き、そこに五万個のイルミネーションが飾られる。ファンタジーは十二月一日～二五日まで毎日点灯式が行われ、音楽祭、元町地区の観光ツアー、花火大会など多彩な行事が開催される。

現在は函館観光コンベンション協会が中心となった実行委員会が運営を行っているが市民ボランティアの参加が大きな力となっている。

このイベントをもっと地域産業とつなげようということで、二〇一六年からは世界のグルメサーカスを同時に開催する試みもはじめられている。

さらに、これを盛り上げるため「サンタクロース王国」のイベントと関連づけるなどのアイデアもでている。

モミの木イルミネーション

(5) 市民創作函館野外劇

市民の芸術・文化活動も多彩であるが、世界に通ずるイベントとしては、毎年七～八月に開催される市民創作函館野外劇がある。

このイベントは一九八九年に、フランスのクロード神父（故人）によって発案されたもので、五稜郭の堀をベースにして繰り広げられる函館の歴史をテーマにした野外劇である。

観客数は年間約八〇〇〇人にのぼり、ボランティアを中心に五〇〇人の出演者が繰り広げるイベントは、フランスの「ル・ビディアス野外劇」と並んで世界でも珍しいものである。最近は堀の石垣が崩れたという理由で広場での開催になっているが早急の復元が求められている。

野外劇

(6) 函館港イルミナシオン映画祭

函館の海岸地区はその景観や街並みなど、どこをとっても映画のスポットになりやすく、これまでに色々な映画が撮影されてきた。まちなかには映画ファンも多く、「映画のまち」と呼んでもよい。

それらを背景にして、一九九五年から毎年「函館港イルミナシオン映画祭」が開催されている。この映画祭では、市民から集められた映画シナリオについての授賞式が行われ、函館の雰囲気をよくあらわす作品については、実際に映画化される。これまで有名なものでは「パコダテ人」「オー・ド・ヴィ」「おと・なり」などがある。

近年では函館市長賞受賞の「函館珈琲」がオール函館ロケで映画化され、二〇一六年の映画祭で一般公開された。まさに「映画を創る映画祭」として全国の関係者に知られている。函館らしい、函館が誇る文化活動といえる。

函館港イルミナシオンのロゴ

(7) 西部地区バル街

函館での市民参加のイベントとして特徴があるのは年二回開催される「西部地区バル街」である。

これは二〇〇四年に「スペイン料理フォーラム」が開催されたのをきっかけに、西部地区のレストラン、ホテルなどが自主的に始めたものである。これはスペインのバル地区で行われている飲み歩きの習慣を日本に持ち込んだものである。市民は五枚つづりの前売りチケットを持ち、気に入った店を訪れ、おつまみの一種であるパンチヨスと共に、ドリンクを飲み歩くのである。最近では二五店が参加し、四〇〇~五〇〇人の参加者があり、各店ではライブなどのもてなしも行われている。

これは夜のまちににぎわいをとりもどすイベントとして評価され、最近では各地で開催されるようになっているが、函館が最初であった。

函館西部地区バル街

第5章　港とまちづくりの未来

編集部

　以上、港町文化の源流からはじめて、港とまちづくりとの関連を見てきた。本章では、それらを踏まえて、これから大きなテーマとなる国際化の視点で、港の新しい機能とまちづくりについて問題提起しておきたい。

　その際、日本の世界におけるポジションが大きく変化しており、港が世界に開かれた窓口となっていることを強く意識すべきだと思われる。

　ＩＴ化の進展にも加速されて、貨物にしても国際的な基準で、特にスピード化とネットワーク化の中で動くようになっている。また、国際的な人の移動も活発になっていることにも着目すべきである。大型客船の接岸は、まちづく

図表 5-1　港づくりとまちづくりの未来

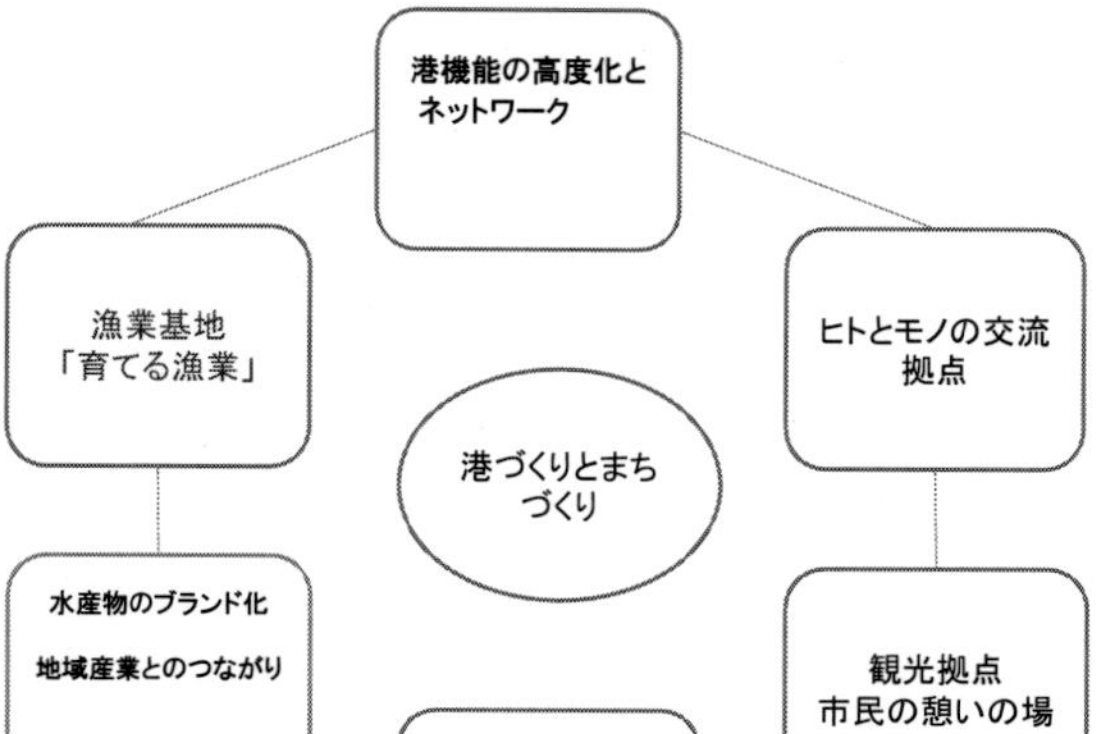

（出所）編集部作成

りにも大きな影響を及ぼすであろう。
それらの国際化がもたらす様々な問題があることも事実である。貿易不均衡や世界の紛争に巻きこまれる恐れ、さらに具体的には、移民・難民問題、テロの危険性などである。

しかし、四方を海に囲まれ、資源が乏しい日本の場合、閉鎖主義や保護主義ではやっていけないことは明らかである。

港は世界に開かれた窓口であり、そのもとにひらけるまちは、世界文化との重要な交流拠点である。これから国際的視点で港やまちづくりを見直すことの意義は大きいと考えられる

第 5-1章　港機能の高度化とネットワーク

「港の機能は総合的なので、個別の機能をとらえるだけでなく全体機能の最適化を目指すべきだと思います。」（上村英次さん）

港の機能

港は昔から人や物の交流拠点であったが、最近の産業構造や貿易構造の変化、各種交通手段の変化などで大きな影響を受けてきた。しかし、周りを海に囲まれ、地域的な拠点である極東に位置する日本にとって、港の重要性は、新しい意味で高まっている。

本章では、これからの港機能として、港の高機能化とネットワーク化について述べる。

船舶はこれまで重量物の輸送に優位性をもってきたが、これからは製品の高付加価値化と処理のスピード化が強く求められるようになってきた。

コンテナ埠頭

（出所）北海道開発局

物流の高機能化

これに充分対応するために、コンテナ化が進んでいるが、これには岸壁の整備やクレーン、保管場所などのすべてが整わないと効果が発揮しにくい。今回モデルとして取り上げた釧路・小樽・函館については、その方向で整備が進んでいるが、需要の開拓や混載機能の充実も強く求められる。

地域での広域ネットワーク

港はそこに集まってくる物資を流通させるという基本機能だけでなく地域産業を国内外と結びつけるという大きな役割を持っている。

例えば釧路港の場合、北海道道東地

図表 5-1-1　港機能の高度化

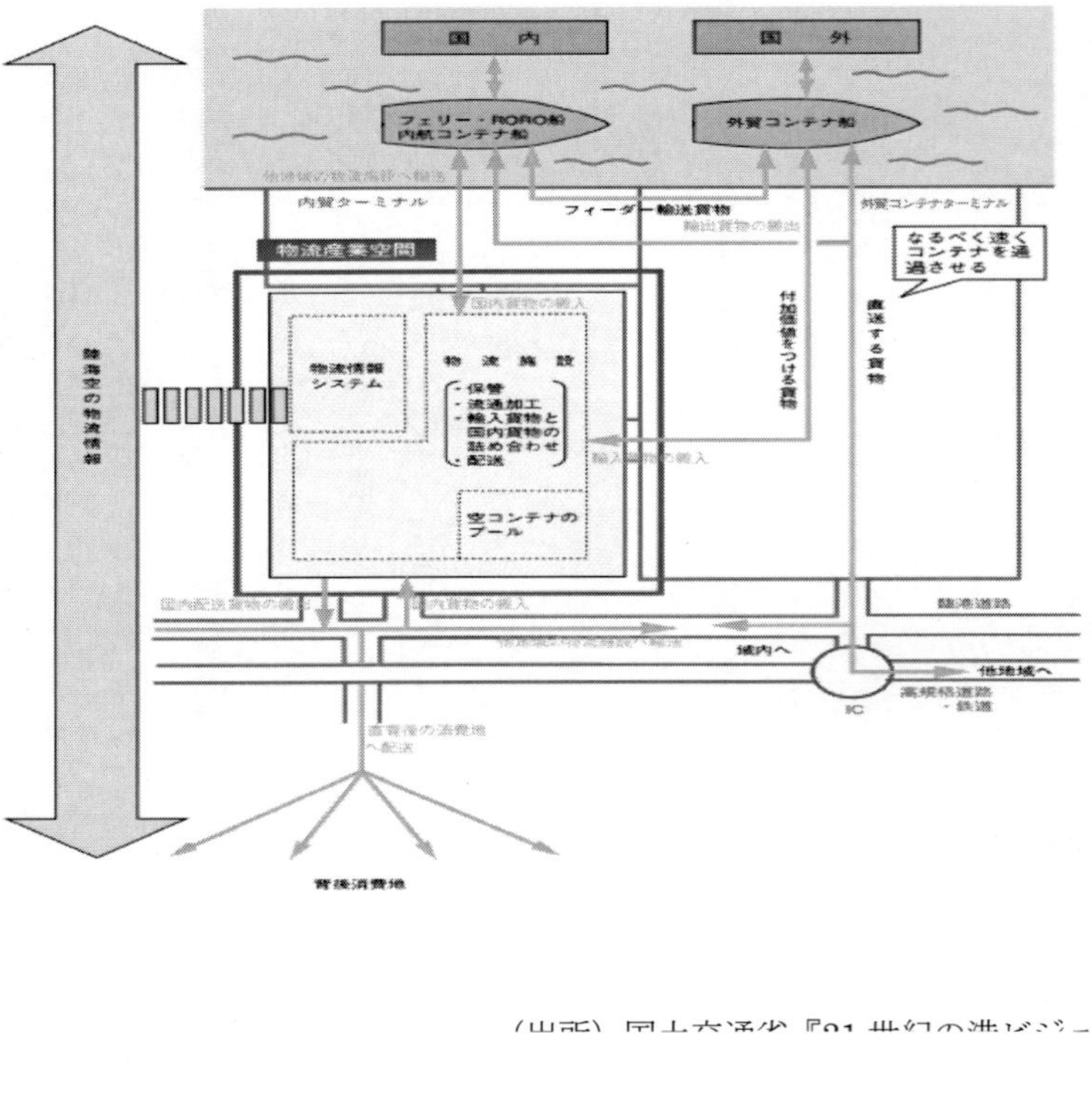

（出所）国土交通省『21 世紀の港ビジョン』

域の酪農業のために飼料であるトウモロコシを米国からバルク船で輸入し、それを各農家に配送するとともに、生産物である生乳や乳製品を国内外に届けるというトータルでの物流機能の拠点となっている。

それらを受け身で待っているだけでなくシステム全体を設計し、運営していくという気構えが必要となってきているのである。

日本海側拠点港の見直し

港はそれぞれ単独で成り立つものではなく、後背地の産業や他港とのつながりの中で、機能を発揮するものである。

戦後は、どちらかというと太平洋側の港のウェイトが大きかったが、最近はロシア・中国・韓国等との関係も改善し、様々な可能性も生まれている。

そこで、日本海側の港も見直そうということになり、北海道では小樽と稚内が日本海側拠点港に指定された。小樽港と伏見富山港、舞鶴港は連携して、クルーズ船の拠点としての機能を果たしている。

また、稚内港は日本唯一のサハリン港とのフェリーを就航さ

図表 5-1-▪　アジア北東地域とのネットワーク

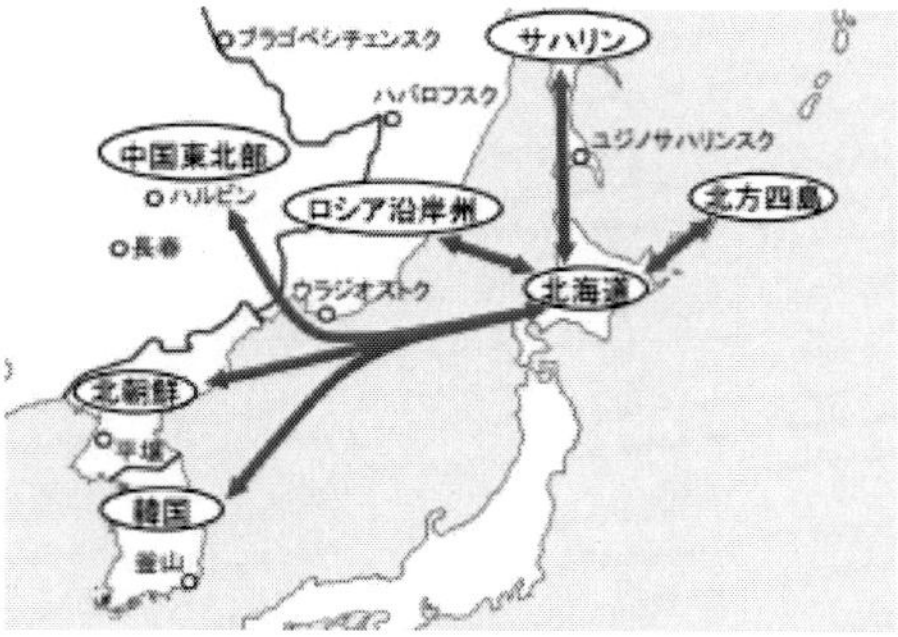

せており、極東ロシアとの交流をはかっている。ロシアとの関係では、ＬＮＧ（天然ガス）の受け入れ基地となっている。

今後ロシアとの経済交流が盛んになれば、釧路や函館なども含めて、北海道の各港の機能が活発化すると期待できる。

他交通手段との連携

これからの港の機能強化のためには、それを船舶だけではなく、航空や鉄道、自動車との連携で考えるべきである。

フェリー、コンテナ船やＲＯＲＯ船で運ばれてきたものをそのままトラックで各地に配送したり、付加価値が高く、スピードを要するものは航空のコンテナを利用することが必要である。新幹線の空きスペースを貨物用に利用するという考え方もある。

第5-2章　水産資源の保全と水産品のブランド化

日本の水産業の動向

水産白書によって、日本の水産業の動向をみると、図表5-2-11のようになっている。昭和四十年（一九六五年）以降、漁船の大型化、エンジンの高性能化、漁法の革新などがあって、遠洋漁業や沖合漁業が盛んになり、一九八〇年のピーク時には年間の生産量は一二八二万トン、約2兆円に達していた。しかし、その後二〇〇海里規制の強化によって急減することになった。

ちなみに、世界の水産業をみると、二〇一四年ベースで、一億九五八〇万トンであり、生産国としては中国、インドネシア、米国、インド、ミャンマーの順となっており、日本は第六位である。

白書でも指摘されている通り、水産資源は従来の獲り放題の時代から、その保全と育成が流れとなっており、その点からも養殖漁業のウエイトが高まる傾向にある。

水産資源の保全

港の重要な機能として漁業基地としての役割がある。事例として取り上げた釧路には、サケ、サンマ、蟹があり、小樽はかつてニシンの集散地として賑わった。また函館は、イカ、サケをはじめ、今でも北海道の水産物が集まってくる。

　しかし、この水産資源に最近異変がおこっている。ニシンは前から沿岸に寄ってこなくなっているし、サンマやイカも収穫量が激減している。これについては、地球温暖化による海水温度の上昇なども語られているが、根本となる遺伝資源が守られていないからだという問題がある。種が存続するには、親魚の最低5%が保全されなけ

図表 5-2-1　日本の水産業の動向

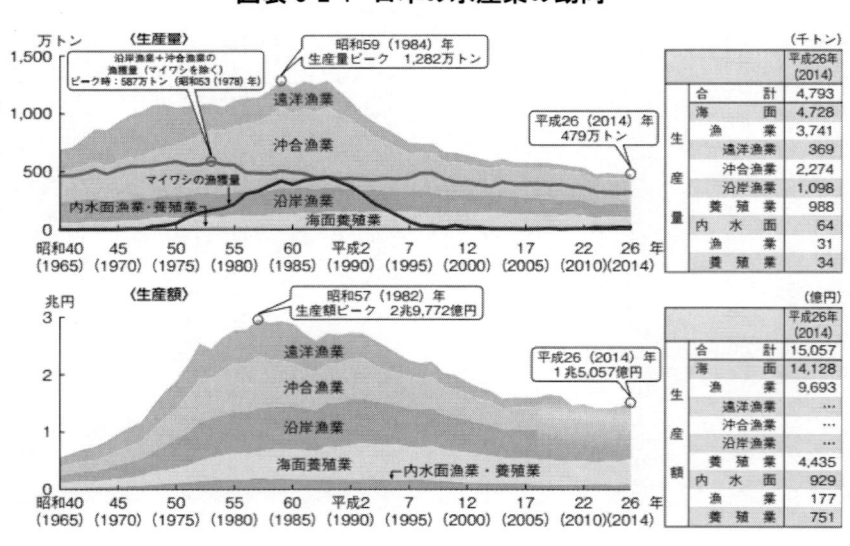

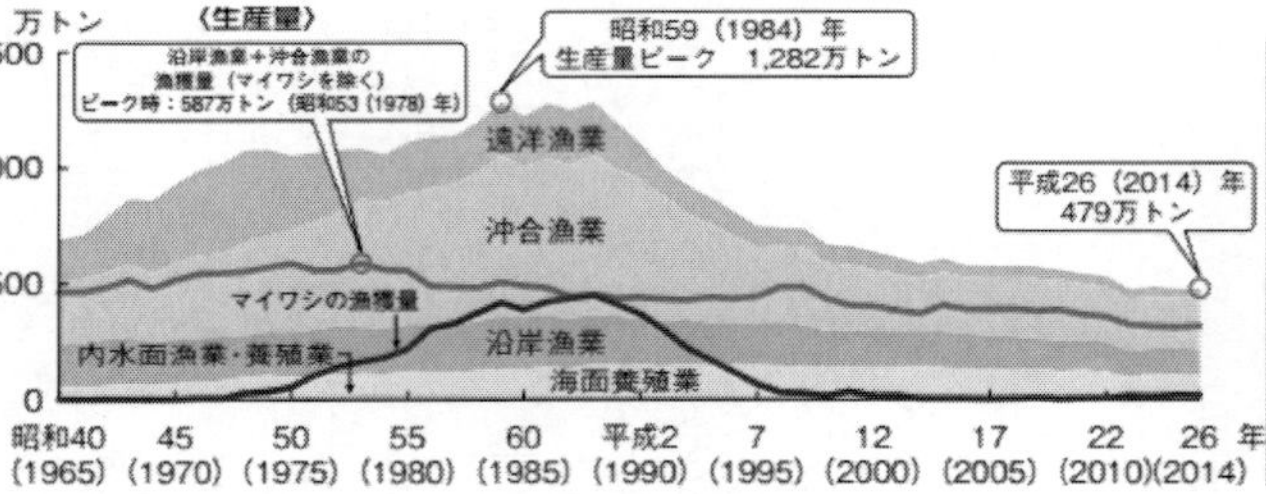

（千トン）

		平成26年 (2014)
生産量	合計	4,793
	海面	4,728
	漁業	3,741
	遠洋漁業	369
	沖合漁業	2,274
	沿岸漁業	1,098
	養殖業	988
	内水面	64
	漁業	31
	養殖業	34

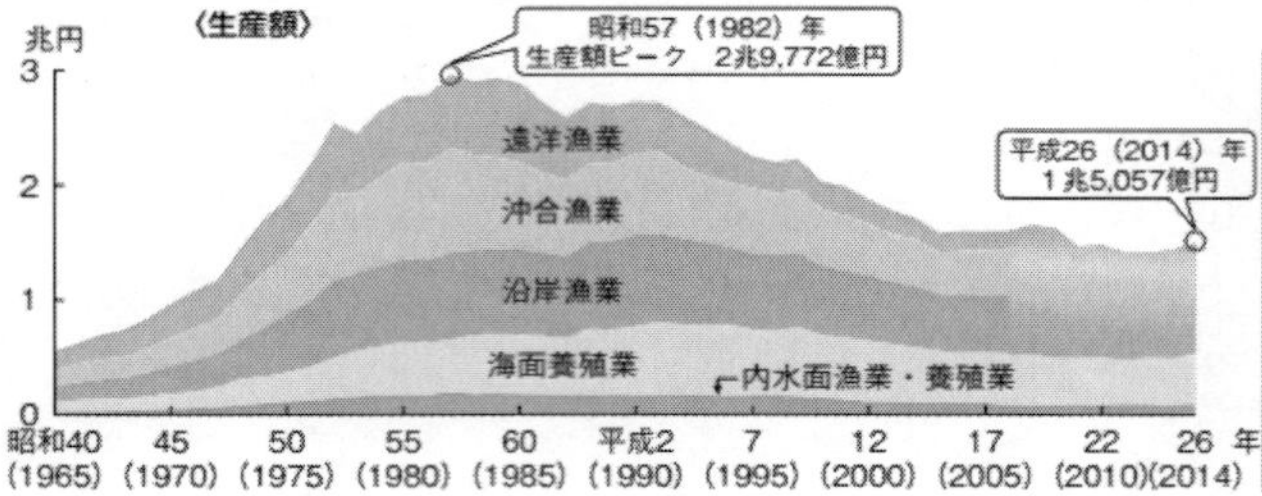

（億円）

		平成26年 (2014)
生産額	合計	15,057
	海面	14,128
	漁業	9,693
	遠洋漁業	…
	沖合漁業	…
	沿岸漁業	…
	養殖業	4,435
	内水面	929
	漁業	177
	養殖業	751

（出所）水産白書

ればならない。（注1）

これは親魚が卵を生み、それが育つ確率から計算できるものだが、最近は廉価な輸入魚と競争するためトロール船等により、水産物を根こそぎ獲ってしまうという傾向がある。漁業者としては、できるだけ収益を上げたいので、そうした行動に出るのは、解らないではないが、これでは資源を長く保全できない。これを監視し、コントロールする仕組みを国や市民、専門家等を入れた組織で早急につくることが求められる。（注2）

養殖技術

もうひとつの解決策は、産卵と放流を人工的に行ったり、海面や内水面での養殖を振興することである。アワビ、ホタテ、ウニそして、海藻のコンブ、ワカメ、ノリ等のように養殖によって産業としての発展をはかることも意義がある。これらの養殖技術については日本は比較的長い経験と蓄積を持っている。一九七一年には、国も、「水産資源開発法」を制定し、その振興に積極的である。しかし、現実には、安価な輸入品に押されて、事業としての採算がとりにくく、生産数量、金額とも、一九八八年を

（注１）　遺伝資源（N）＝雌雄比（1／2）×漁獲量（T）×平均体重（1／W）×雌類の産卵数（M）×保類までの生存率（1／2）

（注２）　このことについては、2012 年 9 月エコハ出版発行の『競争から共生へ』（山崎文雄著）にて強く提案しているが、いまだに実行されていない。

ピークに伸び悩んでいる。しかし、水産資源の保全を図り、漁業現場での高齢化や後継者不足の問題を考えるとこのまま放置することはできない。

ちなみに、養殖業の振興は大きなテーマとなっており、日本の漁業に占める養殖業の割合は四九・四％である。

水産品のブランド化

水産資源の保全と並んで、水産物の需要の振興と有効利用が、これからの大きな課題である。

水産物は鮮度が重要なので、漁獲方法、保管・流通、販売、さらに消費までの全過程が大切にされなければならない。また、その加工品についても、缶詰、冷凍、乾燥などにも、新たな工夫が必要である。さらに、その食べ方にも、新たな提案が必要である。　特に若者の水産物離れは大きな問題である。逆に、世界での健康重視で日本食ブームが起こっているが、これを持続的なものとするための情報発信も重要である。

以上のようなことを全て含めて「水産品のブランド化」が求められているのである。

普通、ブランド化というと、他地域との差別化が意識され過ぎ、そうした取り組みの効果について疑問の声もあがっているようであるが、本来はマーケティングのもっと基本的な問題なのである。

その際、水産品を地域全体のブランド化や観光等と関連づけたブランド化、国際的な視点を入れた消費者との共感のための情報提供を考えていかねばならない。そのため、生産者、加工業者、流通業者を含めた全体的な組織活動が求められているのである。

第5-3章　外国人受入れと国際交流

「今こそ、世界に開かれた港町文化の精神を大切にし、世界の人々と親しく交流すべきだと思います。」（船矢美幸さん）

外国人観光客の増加

日本ではこれまで、グローバリズムの流れにのり、二〇〇三年頃から「ビジットジャパン」運動を積極的に展開してきた。その効果はすぐに出なかったが、ここ数年は、中国・韓国・東南アジア諸国を中心に観光客が急増し、二〇一六年には、訪日観光客数が二〇〇〇万人を超えるまでになった。（図表5-3-1）

二〇二〇年には、東京オリンピックもあり、訪日観光客はこれからも増えるものと予想されている。

それらの外国人観光客をもて

図表5-3-1　外国人観光客数の推移

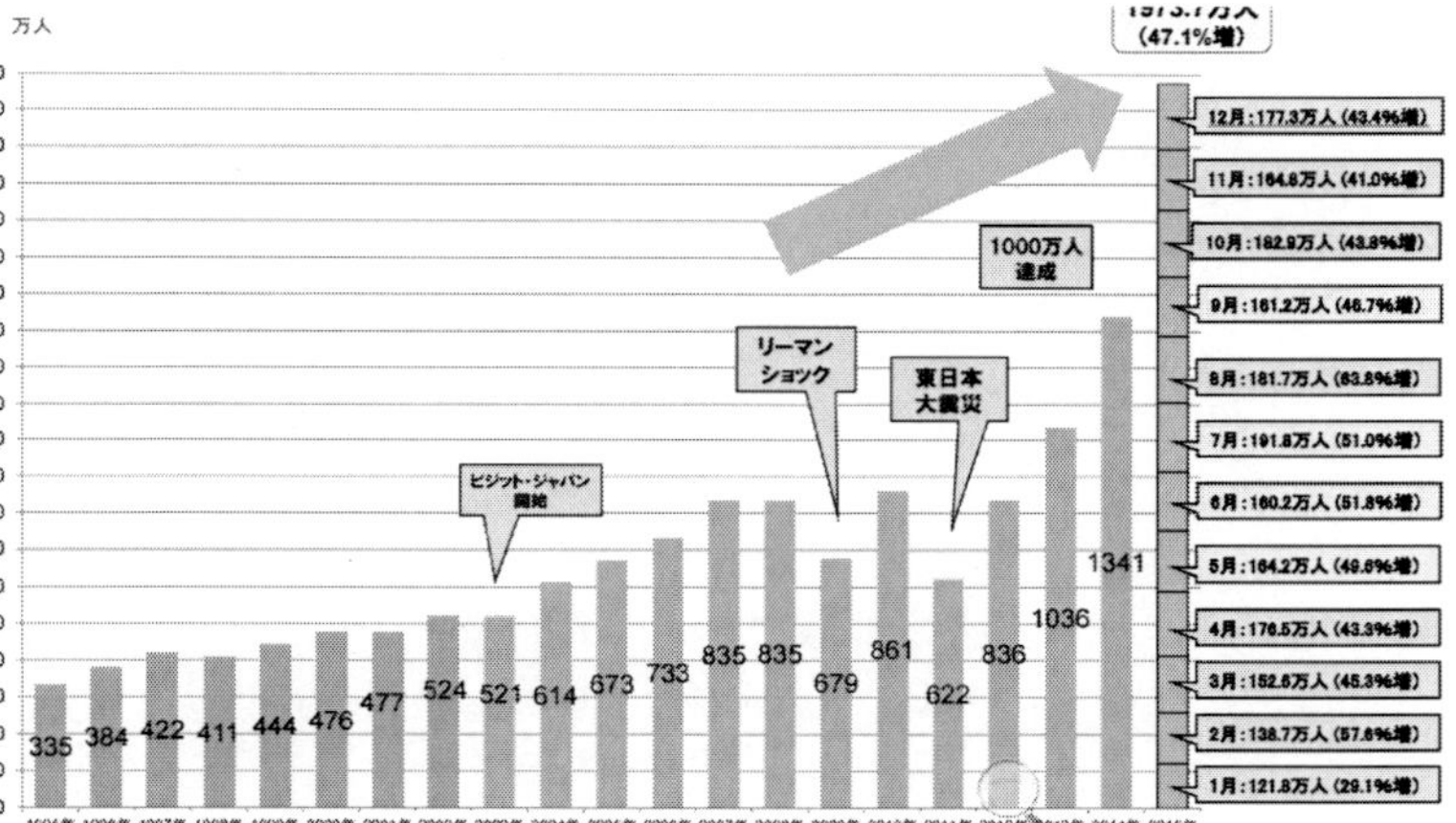

注）2014年以前の値は確定値、2015年1月～10月の値は暫定値、2015年11月～12月の値は推計値、%は対前年（2014年）比

出典：JNTO（日本政府観光局）

なすための言葉や標識等の技術的な問題とともに、まち自体を国際的視点にも耐えられるように改造する必要がある。

これらはどちらかというと、外国人の短期的な滞在を中心としたものであるが、これからは中長期滞在者もしくは、移民を含めた世界に開かれたまちをめざすべきであろう。

函館では明治維新の開港以来、今でも世界に開かれた雰囲気を持っているが、この機会にハード・ソフトを含めた積極的な対応をするのが望ましい。

これに関しては、函館では一九七九年頃から外国人留学生をホームステイとして受け入れるという先進的な取り組みを行ってきた。これについては、エコハ出版の前著『地域における国際化』の中で紹介している。（注1）

この外国人訪問客の増加のためには、国をあげたプロモーションが実施されているが、問題は、訪問した外国人が満足できるような着地側の受入体制が整っているかどうかである。特に地方都市では予算や人材などの問題もあり、これからの課題だと思われる。

また、日本国内では交通費や宿泊費が相対的に高いという問題にも対処する必要がある。例えば外国人に対する交通割引チケットの利用や割安宿泊施設の紹介なども検討するに値する。

（注１）エコハ出版『地域における国際化』（2014 年）

（注２）在留外国人数については、2006 年に３百万人を超えたが、ほぼ横ばいを続け 2009 年頃から少しずつ増加傾向がみられる。

外国人の居留

日本には現在、外国人居留者が二百二十万人弱いるが、全体的には移民や難民などの外国人居留については、極めて慎重な行動をとってきた。少子高齢化への対処や外国人との交流の面からも、この姿勢を考え直す必要も生じている。それらを一挙に解放するのは、問題だとしても、これだけの国際化の時代に固く門を閉めているだけでは、成り立たないであろう。中・長期滞在など出来るところから準備を始めるべきであろう。

留学生ホームステイ

外国人の長期滞在や居留を促すのは、それらを通して外国人と交流し、外国文化を受け入れるとともに、日本文化を理解してもらうということである。

この点に関して、函館は外国人ホームステイに先進的取り組みを行ってきた。このことはエコハ出版の前著『地域における国際化』の中で詳細を記しているが、簡単に要約

図表 5-3.-2.　在留外国人数の推移

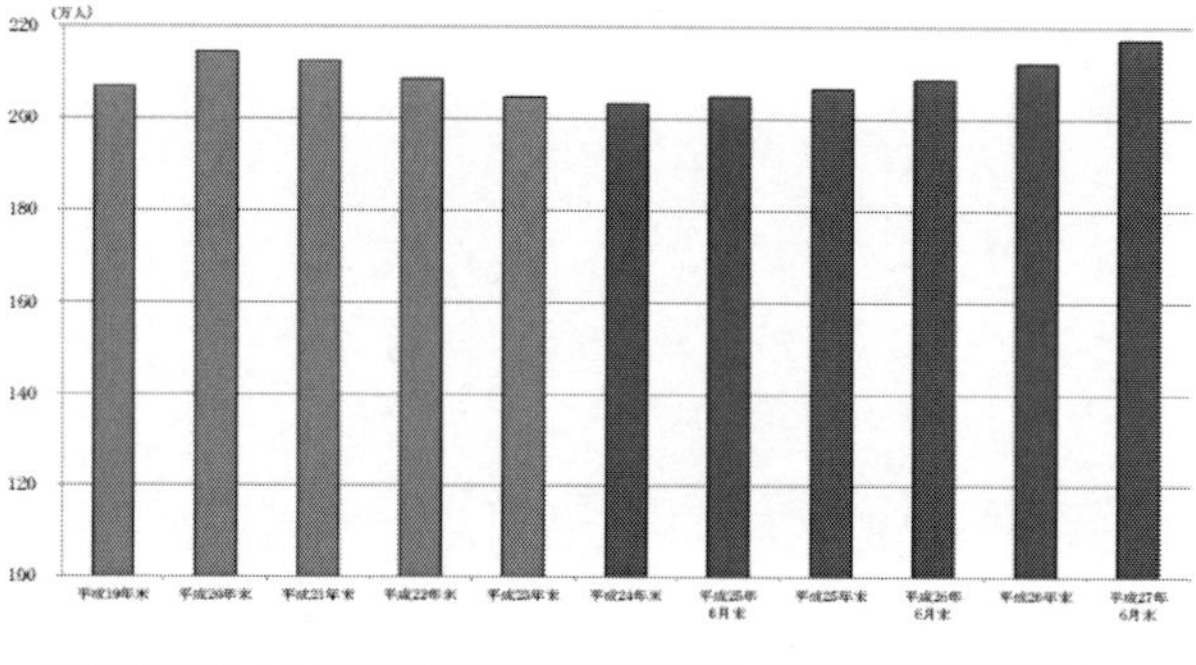

注）平成２３年末までは、外国人登録者数のうち中長期在留者に該当し得る在留資格をもって在留する者及び特別永住者の数である。

（出所）法務省「在留外国人統計」

すると次の通りである。

一九七九年頃、外国人留学生を積極的に受け入れるため、北海道国際交流センター（ＨＩＳ）が設立され「国際交流の集い」の事業が開始された。

これは、留学生を農家や一般家庭にホームステイさせ、働きながら学んでもらおうというものであった。この活動は北海道全体に広がり、一時は年四〇〇人ほどの留学生がいた。この事業は様々な理由から縮小されたが、その後は、米国の主要有名大学から、日本語と日本文化を学ぶというプログラムに変更され、今でも毎年六〇人程度を受け入れている。

留学生たちは、体験的に日本文化を学ぶとともに地域イベントにも積極的に参加することを促されている。八週間滞在の終わりには、ホストファミリーも招いて、日本での生活についてのスピーチコンテストもある。著者（鈴木）も出席したことがあるが、その問題意識や日本語のスピーチレベルの高さには、驚かされた。

留学生ホームステイ

（出所）HIS の FACE BOOK より

ロシア極東連邦総合大学

東西冷戦や北方領土問題などもあり、日本全体としてはロシアとの関係は、冷たいものであったが、函館は明治開港以来、ロシアとの長い歴史を持っている。

戦後も、一九九二年にはウラジオストック市と、一九九七年にはユジノサハリンスク市と姉妹都市提携を結んでおり、一九九四年にはロシア極東国立総合大学函館校（現在ロシア極東連邦総合大学函館校）が開校された。これは日本人を対象にした大学であるが、ロシア語はもとより、ロシアの歴史・文化・政治・経済などロシアのスペシャリストを育成するユニークな内容となっている。

様々な国際交流組織

国際交流を一時的で、バラバラなものとせず、持続的なものとするためには、そのための組織が必要である。

ちなみに、函館では歴史的背景もあり、図表３―２―３のよう

ロシア極東連邦総合大学函館校

Филиал Дальневосточного Федерального Университета в г. Хакодатэ

ロシア極東連邦総合大学函館校

ロシア人教授陣によりロシア語・ロシアの文化・歴史・経済・政治などを学習する、日本で唯一のロシアの大学の学校です

（出所）同校ホームページ

な様々な国際交流の団体が活動している。

先述した北海道国際交流センター（ＨＩＦ）をはじめとして、開港時の各国との交流は今も続いているし、留学生の受け入れ体制もある。

今後の課題としては、それぞれの団体がバラバラに活動するだけでは無く、それぞれが連携して、相乗効果を発揮することであろう。

また、海外からの長期滞在者を増やすには、もっと本格的に大学等の受け入れ体制を整え、まち全体を外国人にも住み心地の良いものに変えていくことも求められる。海外からの技術者や芸術家、知識人を積極的に受け入れる「クリエイティブ都市」をもっと意図的に行うことが求められる。

国際俳句交流

最後に、最近急速に拡がりつつある「国際俳句の会」の活動を紹介しておこう。

図表5-3-3 道南で活動する国際交流団体

函館日本語教育研究会（JTS－hakodate）	函館善意通訳会
函トベ会	（一財）北海道大沼国際交流協会
JASSはこだて	NPO法人 函館アフリカ支援協会（HASA）
一般財団法人 函館YWCA	英語の実験室English Lab
大沼マイルストーン22	日本ユーラシア協会 函館地方支部
函館シンガポール協会	函館オーストラリア協会
函館日ロ親善協会	函館中国経済促進協会
函館モンゴル友好親善協会	函館・ハリファックス協会
函館日中友好協会	函館日仏協会
一般財団法人北海道国際交流センター（HIF）	函館日独協会
函館日英協会	函館日米協会
北海道ユニセフ協会 道南支部	函館日韓友好親善協会
函館市国際理解教育研究会	日朝連帯函館市民の会
道南台湾観光友好協会	

これに関しては、二〇一七年四月に結成された「俳句ユネスコ無形文化遺産登録推進協議会」の活動が特筆される

この協議会には、「現代俳句協会」「俳人協会」「日本伝統俳句協会」など日本を代表する俳句団体とそれを支援する地方自治体が参加しており、大きな流れとなる可能性がある。協議会の会長である有馬朗人（ありまあきと）氏が、発起人挨拶で述べている通り「俳句は世界で一番短い詩型（詩形）であり、誰でもが楽しめるものであることと、自然と人間の生活を詠むということ、つまり自然と共生する文学」である。

この俳句は松尾芭蕉、小林一茶、石川啄木、正岡子規をはじめ、多くの俳人がつくりあげた日本文化の源流とも言えるものだが、これが今や世界に拡がり、スウェーデン、ベルギー、デンマークをはじめ世界に句会が設立されている。

短い表現で自然と人間の情景を描ける詩の形式として、国際的コミュニケーションとしても有効なものである。なお、この会の科国際交流の活動については第2章に詳述している。

第 5-4 章　大型客船の到来とまちづくり

編集部

1　大型客船（クルーズ船）到来

最近、世界で大型客船（クルーズ船）の利用者が急増しており（注1）、クルーズ船による訪日客数も増えている。日本へのクルーズ船による客数は、図表5-4-1にみられるように、二〇一三年には一三万人であったものが、二〇一六年には一七万人となり、二〇二〇年には五〇〇万人になると予想されている。まさに「クルーズ船五〇〇万人時代」の到来である。

大型客船は、一度に数千人の観光客を運んでくるので、その寄港はまちの活性化に大きなインパクトを与えるが、それを受け入れるには、そのための充分な準備が必要である。

まずは十万トン級の大型船が着岸できる埠頭が必要であり、到着した多くの観光客を楽しませる飲食店、土産店、サービス施設等が充実してい

（注1）国土交通省によると、世界のクルーズ船人口 2015 年には、2240 万人になっており、2019 年には 2531 万人になるものと予想されている。

なければならない。交通インフラをはじめ、各地の独自のもてなしの体制が整っていなければならない。

クルーズ船受入の先進地域の九州の事例について、ＪＴＢの前嶋了二氏はその現状と課題について、「貸切バスによる交通渋滞、中国資本土産店と米国旅行会社への利益誘導、観光地や商店での乗客の素行などの社会問題が発生していることを指摘している。（第三回日本観光研究会全国大会学術論文集二〇一六年一二月）

北海道の重要港湾である釧路港・小樽港・函館港では既に大型船着岸のインフラを整えており、これまでにも受け入れの実績がある。ちなみに、二〇一六年の実績速報では、北海道へのクルーズ船到来は、一一三隻、（うち外国船五九隻）であった。そのうち釧路港は、一六隻（うち外国船一二隻）、小樽港二四隻（外国船一四隻）、函館港三一隻（外国船三一隻）となっている。

また、最近のニュースでは、二〇一九年には海の女王「クイーンエリザベス」が函館に来航することになったという。（注2.）これは今後のクルーズ船誘致に大金ｓ効果となるものと思われる。

しかし、今後期待される「クルーズ船五百万人」時代に対処するには、埠頭の再整備、まちなみの改造、外国人にとっての魅力的なまちづくり、外国人のもてなし体制

（注 2）「クイーン￥エリザベスは英国のキュナートラインによって 2011 年に建造され、約 500 億円かかったとされる。

など、しなければならない多くの課題がある。

この問題を考えるにあたっては、港の機能をこれまでの船舶の寄港地として狭くとらえるだけでなく、観光やまちづくりと関連させて広くとらえることが必要である。

2　大型客船着岸ふ頭の建設計画

函館では二〇一六年の市議会で、駅前の若松ふ頭に一〇万トン級の大型客船が着岸できるようにするとの方向性が明らかになった。

これは前著『地域における国際化』の中で、照井勉さんが提案してきた通りのことが実現することになったわけで、実にうれしいニュースであった。

新ふ頭は青函連絡船記念館「摩周丸」の横に桟橋の形で建設される三六〇mがのうち桟橋部分が二五〇m、係留部分が一一〇mで、水深は一〇mとなっている。

図表 5-6　クルーズ船による外国人訪日数

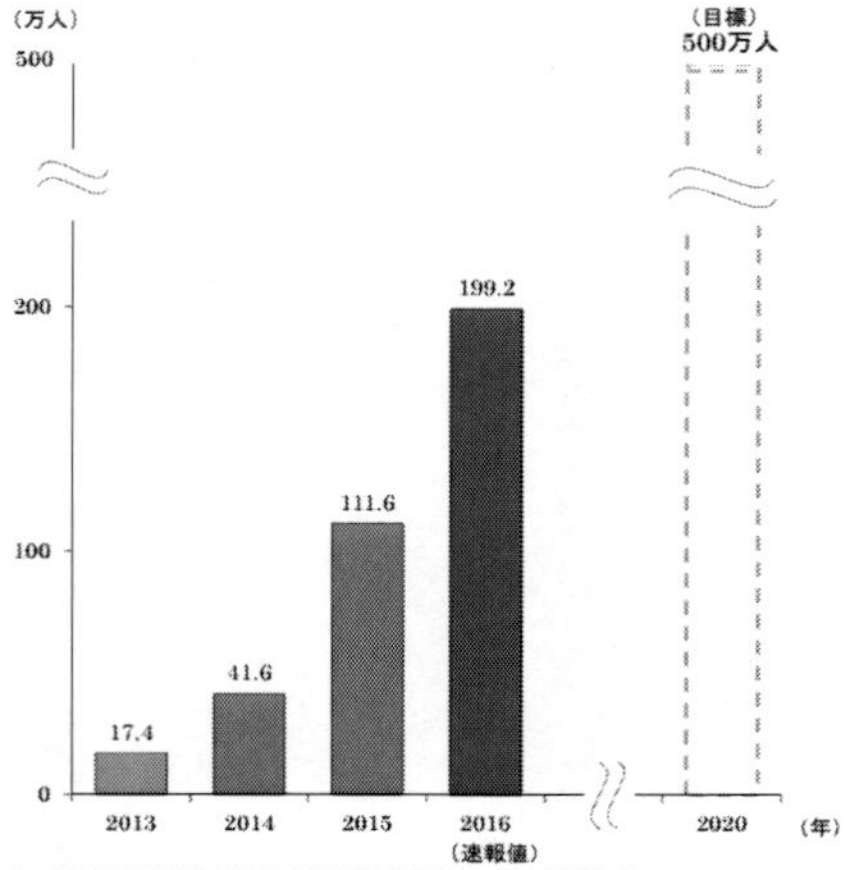

注1）法務省入国管理局の集計による外国人入国者数で概数（乗員除く）。
注2）１回のクルーズで複数の港に寄港するクルーズ船の外国人旅客についても、（各港で重複して計上するのではなく）１人の入国として計上している。

（出所）国土交通省

今後の予定は、二〇一七年一〇月に着工し、翌年には完成の予定である。
釧路、小樽と同じように、最近は箱館にも大型客船の到来が増えてきたが、今回はそれが町の真ん中のＪＲ役前に接岸できるようになるということでまちづくりに大きなインパクトを与えることになりそうである。

新ふ頭のイメージ図

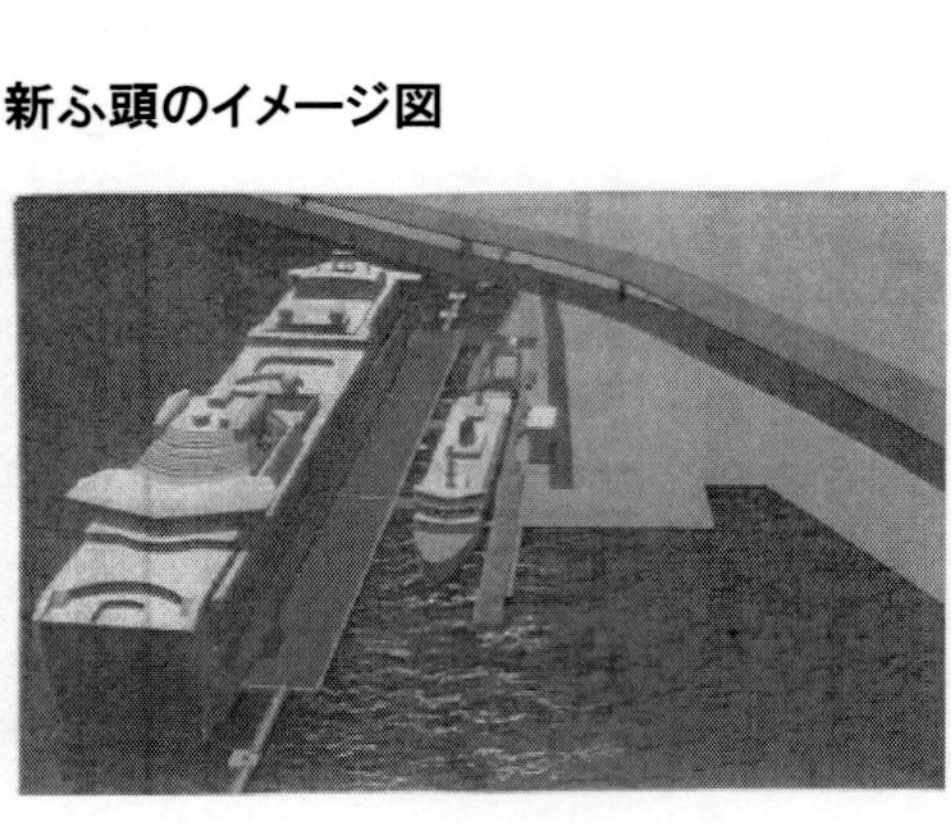

（出所）照井勉さん提供）

3　大型客船到来を契機にしたまちづくり

このインフラの整備によって、国内外の大型客船が多数到来し、観光客数が増加することが期待できる。十万トン級の大型客船には、外国人を中心に数千人が乗り込んでおり、その人たちが一挙に、まちに繰り出すのだから、歩行ルート、交通手段、受け入れの飲食や観光施設の全てのあり方を変えざるを得ない。それをきっかけとして、まちのデザインをはじめ、そのもてなしも国際的にも通用する形に変える必要も生じる。

（駅前ターミナルの整備）

駅前の中心市街地は道南もしくは北海道の玄関口としてふさわしいものになっているか、その点については十数年前から学生と共に、そのデザインについての問題点を指摘してきたところである。そのうちどのくらいが進捗し、どのような点が残されているかを整理した。

①駅前広場のターミナルの整備とそこへの植樹、冬場のイルミネーションについては、非常に前進した。

②駅前の和光ビルは建て替えが課題であったが、一～三階を公共施設とし、上をマンションとする工事が完成した。駅前で居住する人が増えること自体、まちのにぎわいにとって重要である。

また、駅前左手の市保有地については、これまでにも色々な企画が具体的には実現しなかったが、今回、そこにホテル建設の計画が進んでいる。この建物は地上13階建てであり三〇〇室のホテルと、飲食店などの大型建築である。すでにホテルは過剰気味ではないかとの説もあるが、将来の北のリゾート地をにらんだ計画だという。

③函館を訪れる観光客が駅前の大門商店街を周遊しないという問題点に対しては、今

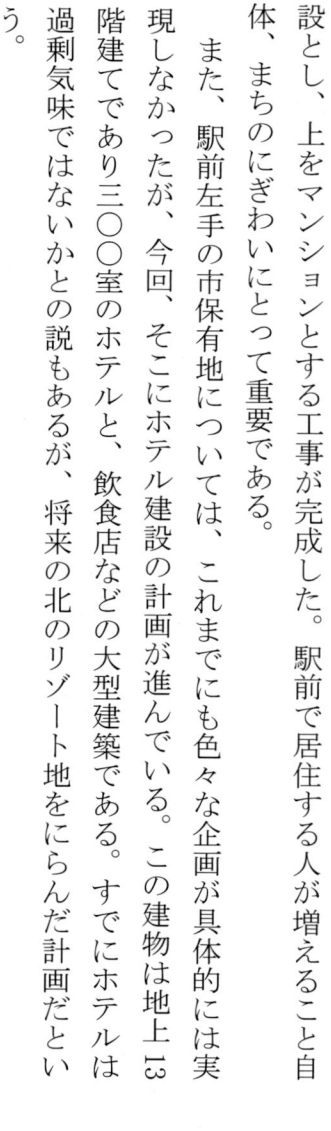

駅前ターミナルの整備

のところまだうまい対応策ができていない。これについては商店やサービス施設そのものが魅力のあるものでなければならないので、時間がかかるかもしれないが、地元資本・外部資本を含めた継続的な努力が求められる。

④大門商店街については、この度アーケードをとりはずし、街路灯を設置することが決まった。また電柱などが複雑になっており、みすぼらしいのでそれを地下にいれるということも決まったようだ。それらにより幾分は効果があるかも知れないが、国際的に　通じる姿とは、ほど遠い。市の方針としても「歩いて楽しいまち並み」が大きな課題となっているのでグリーンプラザの公園の整備活用も含めた抜本的な改造が必要なのかもしれない。

⑤路面電車の停車場は今まで、みすぼらしいものだったが、これについては改築が行われ、他の停車場も順次改築が行われるようになった。

（開港通り）

以上のように駅前中心市街地については徐々に整備が進んできた。しかし、世界に通じるまちづくりの視点からみると、まだこれからというところである。

当面優先すべきは駅前から朝市の横を通って倉庫群・・元町地区・函館山に至るメインストリートが貧弱なことであろう。この通りを「国際開港通り」として思い切った手を入れるべきだと主張してきたが、最近この通りを「国際開港通り」と呼び、少しずつ整備が始まった。まず国際ホテルが大幅な改築を行い、この道路の拡巾の方針も決まった。拡巾される歩道にレンガを敷き詰め、植樹や花壇を連ねるなどの企画もあるそうだ。

道の周辺には外国人も立ち寄りたくなるような飲食店、土産店、観光施設が増え、ストリートアートや休憩場も含めて、これぞ函館とのもてなしの雰囲気をつくることが求められる。

駅前中心市街地のイメージ

開港博物館のイメージ

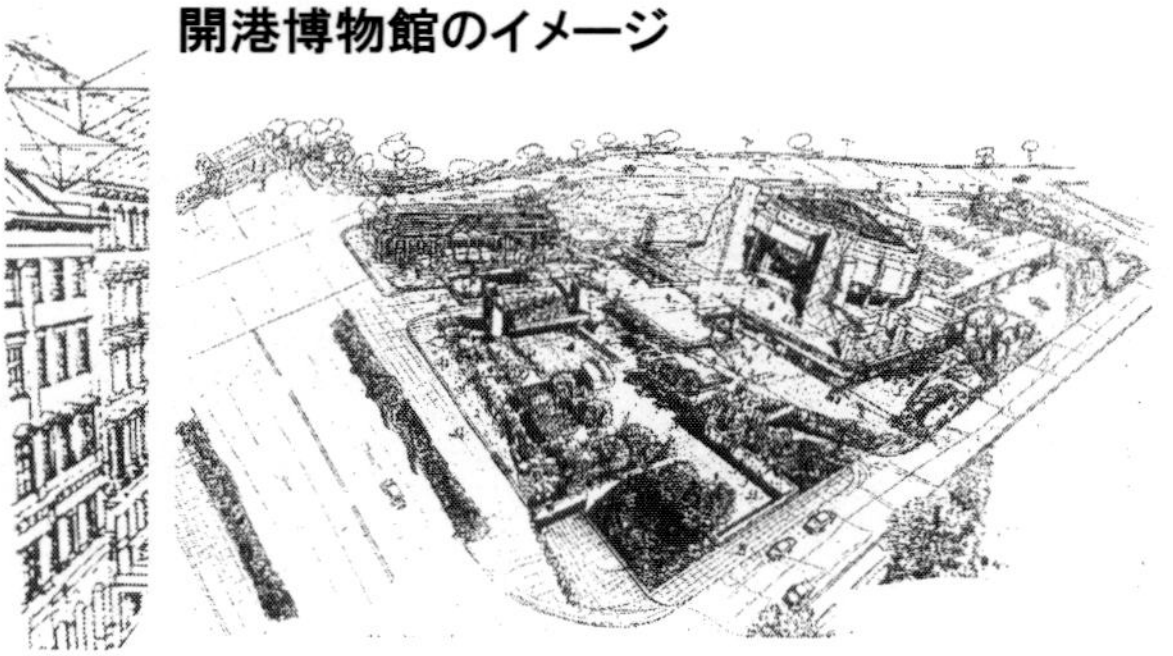

（出所）照井勉さん提供

（開港博物館）

函館には「海と国際化」にかかわる様々な文献や資料がある。元町公園の博物館、旧イギリス領事館、北方資料館、高田屋嘉兵衛資料館などである。しかし、それらがバラバラにあるのでは全体像が分からない観光客等には迫力が乏しい。それらを集合させ、そこにストーリー性を持たせてもっと魅力的に展示できるような施設があってもよいと思われる。ここではその一つとして開港博物館の提案をしておきたい。

（異国物産館）

さらにインパクトのあるものとしては、万博の様に世界の物産を展示販売したり、世界各国の飲食ができるような常設の会館があり、そこでは音楽をはじめ世界のイベントが開催されているような施設があると、外国人だけでなく、日本人観光客や市民にとっても魅力あるものとなるであろう。

異国物産館のイメージ

（出所）照井勉さん提供

（ガーデンシティ）

国際通りの歩道に花木を植え、ストリートアート、標示板を配備することによって、外国人にもインパクトのあるようなまちづくりを行うのは効果が大きい。

このことに関しては、函館市が二〇一六年に、「ガーデンシティ・函館」の方針を打ち出したことは大きく評価できる。その考え方として「歴史と景観に配慮したデザイン性の高い美しい街並みを整備し、見て、歩いて、感じて楽しい美しいまちになるよう長期的なまちづくりに取り組む」ことにしている。

これに対しては国も「景観まちづくり刷新モデル地区」として指定することが決まった。推進期間は平成二十八年度から四十二年度にわたる長期であり、推進エリアは次のようになっている。西部地区、駅前・大門地区。本町・五稜郭地区、湯川地区である。主な事業としては開港通りなどの市道整備事業、ウォーターフロントの整備（末広地区緑地）事業、函館の遊歩道整備事業、函館駅前の整備事業、グリーンプラザ整備事業などである。（以上二十九年度市政はこだてより）

旧イギリス領事館の庭園

（出所）函館市旧イギリス領事館ｈ－ムページ

（グルメサーカス）

以上のように、函館では港に関連するいろいろなイベントやまちづくりの活動が盛んであるが、それを地域経済の発展に直接つなげるには「食」が一番手っ取り早いということで、最近は「グルメサーカス」という考え方が展開されている。これまでのように個々の飲食店がそれぞれで地域の飲食を提供するだけでなく、地域全体で意図的にインパクトのある飲食サービスを企画・提供していこうというものである。その際、各種のイベントやまちづくり活動とも連携していこうとするものである。

赤松柳歴史作

＊＊＊

≪コラム≫

新函館水族館

照井　勉

〈出所〉照井勉さん作成

「海洋都市として新しいコンセプトの水族館を建設するのはまちづくりの中核として極めて大きな意義があります。」

背景と目的

水生動植物を生きたまま展示したり研究したりするための公共の施設

函館、海洋都市のまちだから、公衆の教育、娯楽のため、水生動植物の展示が必要である。北の海洋と近くのベーリング海には、海の魚、貝類、海藻類、ヒトデ、クラゲ、さらに、北海道・道南ならではの淡水魚など展示すべきものが沢山ある。

世界の主要都市には公共あるいは個人、企業の資金、ときにはその双方で設立された水族館があり、常に人気がある。豊かな海洋自然環境に恵まれ、「国際観光郡市宣言」をおこなっている函館で、今まで、この種の施設がなかったのは不思議なくらいである。

＊＊＊

函館の海域は周辺海に暖流と寒流が流れ込み豊かな漁場となっており、多種多様な水産資源がある。また、漁場の環境保全や水産資源の適正な管理などが大きな問題となっており、水族館（アクアリウム）の存在意義は大きい。にもかかわらず、様々な理由からこれまで建設されてこなかった！

今後、国際観光を一層進めるにあたっても、新たな水族館を核とすることは極めて有効だと思われる。

特徴のある施設

「新函館海洋水族館」には大型水槽と小水槽群がある。それぞれの水槽は様々な種類の魚類や海藻によって分けられ、それぞれに適した水が送られ、循環型の水の処理が行われる。函館は地域の海水にも恵まれているし、日本の水族館の技術は世界水準となっているので、それを採用するのはいうまでもない！

これからの漁業は「獲る漁業からつくる漁業へ」と移行しつつあるが、この根底をなすのは飼育技術なので、近くにある海洋研究所との連携をもつことによって新たな水族館の魅力ともなる。

新たな港湾空間づくり

観光機能強化を図るためには、各施設との共存共栄が必要である。これから構築される若松大型旅客船ふ頭はもちろん、港湾施設で のイベントやショッピング、そして、末広地

****

区までの連続したプロムナードや緑の島での多目的ホール「マイス」構想、またポートやヨットによる港湾利用の促進などにより、新たな魅力ある港湾空間を創出する。

無二の海洋リゾートエリア

今までなかったような「無二」のリゾートエリアの創出が求められる。「無二」とはほかにくらべるものがないほど貴重なことという意味である。

・新たな水族館建設、魅力ある体験型観光施設の設備。
・秋、冬「十一月から五月」までのオフシーズンの活性化。
・水族館施設とショッピングモールのコラボ
・ウィンターレジャースポーツ施設と若者の集うイベントホール
・集客能力に秀でたテーマパーク造成
・美しい街並みへの取り組みと、美しい風景の発掘と整備
・海外旅行者の滞在できるコンドミニアムと誰でも安心して泊まれる「安くてきれいな宿」をコンセプトにもった宿泊施設づくり
・中心市街地や観光地域でのバリアフリー化「ユニバーサルデザイン」の導入
・新たなウォーターフロント構想による北のリゾート開発、東京資本による開発企業も注目するような地域をめざす

以上のように、水族館の建設を中核として、これまでの立ち遅れを取り戻す必要がある。

****

＊＊

その際次のようなことにも配慮したい。
・子供の成長に魅力的な環境づくりとは何かを問う
・若者に教育の場とエンジョイの場、仕事の場を提供できる施設づくり
・壮年にゆとりと活動の場づくり
・老人には、楽しみとおもしろさ、そして、ゆったりとしたスペース空間を提供できるまちづくり
・必要な自然を利用したワインづくりと美しい花、ガーデンシティにふさわしいまち並景観づくり
・美しい海岸を利用した水族館
・ウォーターフロント構想は水辺での美しい海洋と建築群、安全で快適な活力ある新海洋都市をめざす！

（出所）赤松柳史『俳画手引』

＊＊

第 5-5 章　海外マーケットへのアクセス

「地域資源を世界のマーケットに直接販売する仕組みを作ることが急務だと思います。」（谷澤廣さん）

大久保彰之
（北海道食材開発流通地興）

海外マーケットへの挑戦

港湾や空港は地域の産品を世界に送り出す窓口であり、その経済活動が地域産業を活発化させる原動力となっている。これからの港のあり方やまちづくりとの関連を考えていくうえで、このような経済活動がベースとならなければ力強いものとならない。

特に北海道は、恵まれた自然環境の下で、水産品、農産品、酪農・畜産品、などの一次産業が盛んであるが、これをどのように日本全国や世界に流通させていくかが大きな課題である。

これまでは、どちらかというと、外部資本に流通機能を頼り、原材料のままで送り出されてきたが、これからは自らマーケットを開拓し、「北海道ブランド」として付加価値をつけて、流通・販売していく仕組みをつくることが求められる。

そのような活動を行うユニークな組織と

当財団代表　谷澤廣さん

して一般財団法人北海道食品開発流通地興（谷澤　廣代表）が設立され、北海道と海外を直接結び付ける活動を続けている。その活動内容については前著『地域における国際化』（注1）にも紹介したが、その後の展開を含めて再度紹介する。

これまでの取組み

北海道食品開発流通地興は、「食品」、「開発」、「流通」を通して地域振興（地興＝ちこう）に貢献することを目的としとして平成二十四年（二〇一二年）に設立された。北海道の新鮮かつ安全な食材を活用した食品を開発し、国内はもとより国際的な物流活動を通して世界へ情報発信をしてきた。

これまでの四年間の活動の中で、北海道内での生産者、漁業者、酪農・畜産業者、中小企業者等の幅広いネットワークを形成することができ、海外への輸出を促進してきたが、現場では次のような多くの課題があった。

図表 8-1　会社概要

法人名	**一般財団法人　北海道食品開発流通地興**
設　立	**2012 年 7 月 1 日**
事務所	**函館市松陰町 1 番 51 号**
代表理事	**谷澤　廣**
役　員	**理事(1＋4 名)監事(1 名)評議員 3 名＝計 9 名**

事業概要(定款)

(1) 安全、安心、信頼できる食品の開発
(2) 北海道米による非常食の普及
(3) 道産「食材」の国内外流通拡大
(4) 次代を担う経営者の育成支援
(5) 中小食品企業の営業支援
(6) 補助金等による運営資金の活用
(7) 再生可能エネルギー、電気通信システムの企画、設計、販売、保守

（出所）同社資料より
以下枠内は同様

① 生産者、中小企業者には、海外のための営業員を配備することが難しい。
② 信頼できる販売先や商流のルートをつくることが自分たちだけでは難しい。
③ 現金回収ができないことのリスクに対応できない。認可、商標登録など、費用負担することが難しく相談先もわからない。

このような課題を克服するために、当財団は様々な試みをしてきたが、具体的には次のようなプロジェクトを推進した。その内容としては以下のようものがある。

(1) 農産物の開発

・北海道の耕作放棄地を美田に返す取組み。函館地酒造りとして酒米吟風の田植を行い、一一・二kℓを醸造
・北海道産の規格外野菜の新商品の開発・流通への取組(レトルトコーン等)
・北海道の農産物(野菜・果物)を香港へ空輸して輸出、北海道の産品に付加価値を付けて、海外市場に押し出す取組を続け、着実に実績に結び付け、継続して推進を進めていく。

⑵　**国際的イベント活動**

・バンコクに北海道商品のアンテナショッップを創設

・バンコクへの高鮮度鮮魚輸出実証実験事業を成功させる

・香港そごうで三年間北海道スイーツを継続的に販売

・香港そごうにて「食と観光展」の総合イベントを実施

・中国北京への北海道の鮮魚輸出の実施

⑶　**官民の協力を得て事業を推進**

（酪農製品）

・北海道養豚生産者協会の香港での北海道オポーク商標権を取得

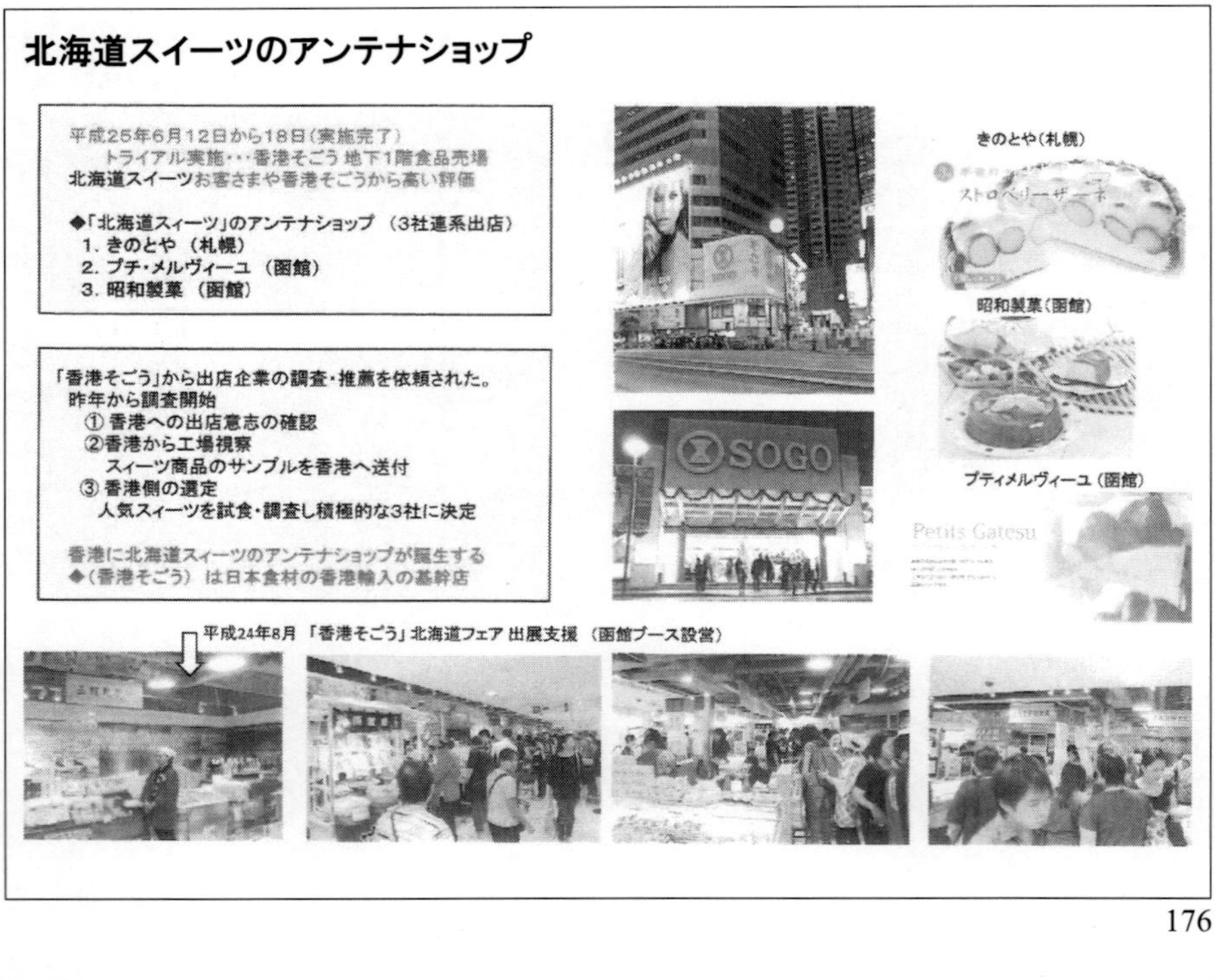

北海道スイーツのアンテナショップ
平成25年6月12日から18日(実施完了)
トライアル実施・・・香港そごう 地下1階食品売場
北海道スイーツお客さまや香港そごうから高い評価
◆「北海道スィーツ」のアンテナショップ （3社連系出店）
1. きのとや （札幌）
2. プチ・メルヴィーユ （函館）
3. 昭和製菓 （函館）
「香港そごう」から出店企業の調査・推薦を依頼された。
昨年から調査開始
① 香港への出店意志の確認
②香港から工場視察
スィーツ商品のサンプルを香港へ送付
③ 香港側の選定
人気スィーツを試食・調査し積極的な3社に決定
香港に北海道スィーツのアンテナショップが誕生する
◆（香港そごう） は日本食材の香港輸入の基幹店
SOGO
きのとや（札幌）
ストロベリーザーネ
昭和製菓（函館）
プティメルヴィーユ（函館）
Petits Gatesu
平成24年8月 「香港そごう」北海道フェア 出展支援 （函館ブース設営）

・北海道の国際屠場化を要望し、実現することで海外輸出を可能とする
・北海道で初めて香港へのアイスクリームの輸出許可を取得

（水産物）

・水産物の鮮度維持技術を確立し各国へ輸出
・鮮魚をシンガポール・香港・タイ・アメリカ等へ空輸して輸出
・中国・北京（全土）への北海道の鮮魚の輸出　計画を実行へ

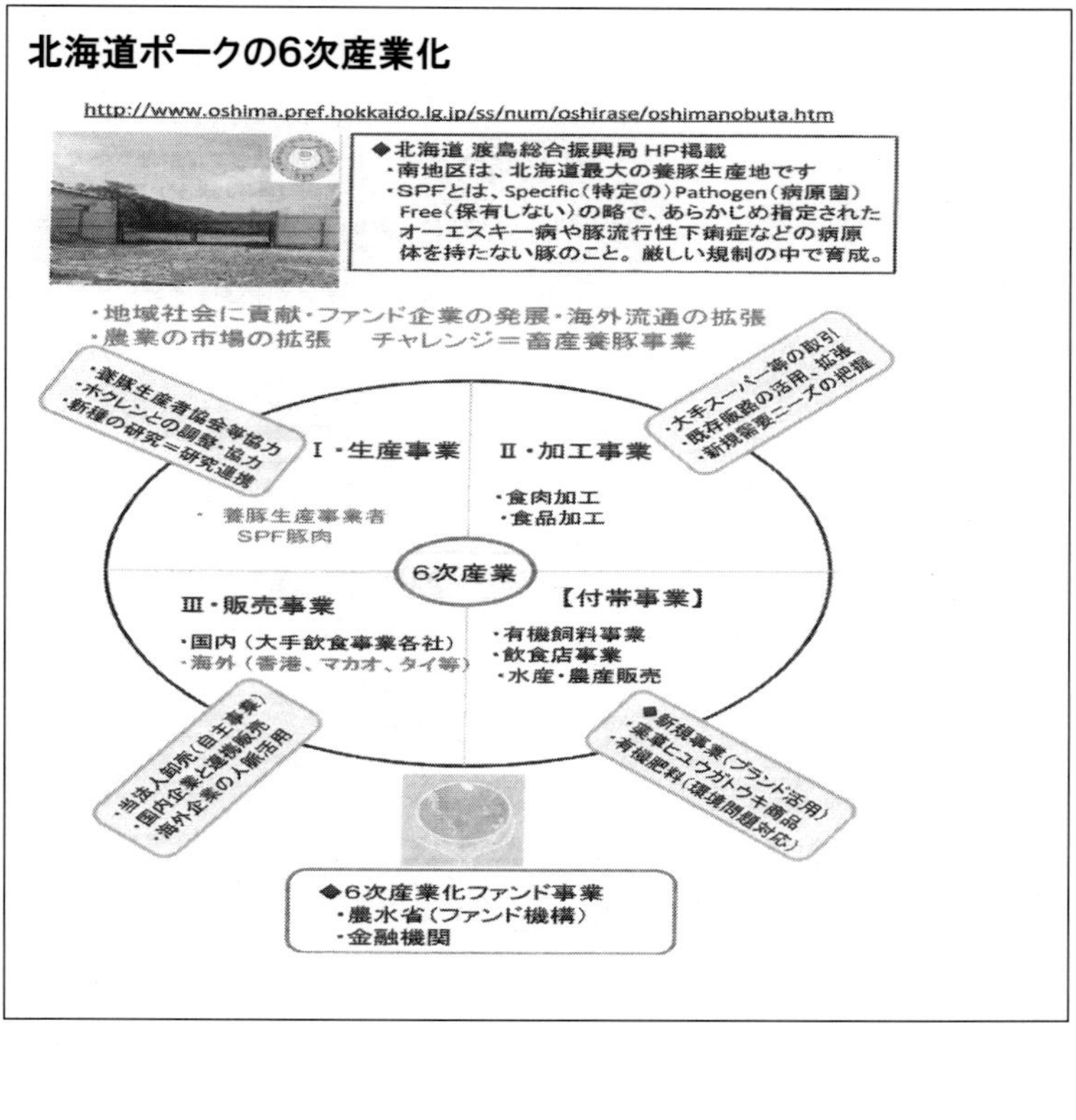
北海道ポークの6次産業化
http://www.oshima.pref.hokkaido.lg.jp/ss/num/oshirase/oshimanobuta.htm
◆北海道 渡島総合振興局 HP掲載
・南地区は、北海道最大の養豚生産地です
・SPFとは、Specific（特定の）Pathogen（病原菌）Free（保有しない）の略で、あらかじめ指定されたオーエスキー病や豚流行性下痢症などの病原体を持たない豚のこと。厳しい規制の中で育成。
・地域社会に貢献・ファンド企業の発展・海外流通の拡張
・農業の市場の拡張　チャレンジ＝畜産養豚事業
・養豚生産者協会等協力
・ホクレンとの調整・協力
・新種の研究＝研究連携
・大手スーパー等の取引
・既存販路の活用、拡張
・新規需要ニーズの把握
Ⅰ・生産事業
・養豚生産事業者
SPF豚肉
Ⅱ・加工事業
・食肉加工
・食品加工
6次産業
Ⅲ・販売事業
・国内（大手飲食事業各社）
・海外（香港、マカオ、タイ等）
【付帯事業】
・有機飼料事業
・飲食店事業
・水産・農産販売
・当法人卸売（自主事業）
・国内企業と連携販売
・海外企業の人脈活用
◆新規事業（ブランド活用）
・薬草ヒュウガトウキ商品
・有機肥料（環境問題対応）
◆6次産業化ファンド事業
・農水省（ファンド機構）
・金融機関

中国・香港マーケットの動向

当財団は中国や香港などのマーケットに着目した。それらのマーケットの実態と、なぜその市場を目指すのかを説明する。

中国マーケットの特性

中国国家統計局が発表したGDPは、実質で前年比6・9％増と、成長率が落ち込んだものの、日本に比べ依然として高い成長率を維持している。二〇一三年には中国の国内総生産額は円換算で九八三兆円（約五七兆元）になり、五〇〇兆円程度で推移する日本の約2.倍に達する。このように中国はアメリカに次ぐ経済大国になり、ハイスピードで成長するマーケットとなっている。

また、人口も増加傾向にあり、現在の十三億五千万人が二〇三〇年には十四億六千万人に増加する。

さらに注目すべきは、富裕層から大衆富裕層、高所得層の存在である。中国の富裕層は、年収二〇〇万元（約二九〇〇万円）以上で、投資可能資産が一〇〇〇万元（約一億三千万円）以上ある者を指しており、この層が約三〇万人存在する。さらに大衆富裕層という投資可能な個人資産を一〇万～一〇〇万ドル(一〇〇〇万円～一億円)保有する階級は、二〇一三年末時点で一二〇二万人に達している。また、今後二〇二〇年までに年収一〇万元（一六〇万円程度）以上の高所得層が急拡大し、七〇〇〇万世帯（都市部の八割）に達すると予想されている。このように富裕層、大衆富裕層、高所得層を含めてニューリッチな層が増加傾向にあり、魅力的な市場となっている

近年はＧＤＰ成長率が低下傾向にあるが、世帯の可処分所得は増加基調にあり、中間層及び富裕層が拡大してきており、今後もこの傾向は続くものと考えられている。

中国は、政府や食品会社が消費者に対して健康的な食生活を啓蒙するキャンペーンを多数打ち出してきた。結果として消費者の食品に対する意識が高まっており、安全な食品や低カロリー商品が人気となっている。また、一人っ子政策の転換もあり、新生児は毎年、一六〇〇～一八〇〇万人誕生している。中国の母親達はより高品質で安全性が高い輸入食品に注目を集めている。その中でも特に日本食品（北海道ブランド）は人気である。

香港マーケットの特性

香港の人口は約七二六万人で、近年毎年増加傾向にあり、二〇三〇年には八〇〇万人を超えると予測されている。この要因として合計出生率が１．２４と改善していることと、中国本土、近隣アジア諸国からの移民が増加していることがあげられる。

二〇一四年の実質ＧＤＰ成長率は２・３％で、ここ三年は2.％前後で推移している。

また、香港には、富豪（流動資産で一〇〇万香港ドル超を保有）人数が四〇万人ほどいる。人口当たりの富裕層がアジアで最大となり、購買力のある魅力的なマーケットといえる。

また、二〇一四年の香港への訪問者数は六〇八四万人で前年比１２％増、このうち中国本土からの訪問者が四七二四万人で、全体の７７・７％をしめており、中国本土の富裕層が香港にショッピングや観光に来ることで、人口以上の大きなマーケットを形成している。

さらに、香港でのヒット商品の情報や注目商品は中国本土でも重要視されることから、中国本土マーケットを狙っていく際にも、香港はアンテナ機能・情報発信としても重要な市場であるといえる。

北海道ブランドの確立に向けて

中国では、経済成長に伴う生活水準の向上によって、食生活が多様化し、安心・安全を求める傾向からも、日本食材・和食の人気が高まっている。このマーケットへは、これまで、流通大手商社が独占で進めており、地域からは商品を供給するのみで、価格決定権、ブランド化への取り組みはほとんどできていなかった。そのため、農水産物、それらの加工品の宝庫である北海道でも、北海道ブランドの市場開拓ができておらず、売り場には、北海道商品をあまり見ることができない。

また、香港においても日本食は定着し、日本の食材は容易に入手可能となっていて、日本食品を食べている人の七〜八割は現地の人達で、「日本食を食べるのはステータス」として若い人達からも支持を受けている。さらに、約七二〇万人の香港人口のうち年間約五〇万人が毎年来日しており、来日の目的の一つに「日本に行って美味しいものを食べたい」というほど日本の食べ物に対する関心が高くなっている。しかし、この市場に対しても、中国本土同様に北海道食材のPRと、北海道ブランドが浸透しているとは言えない。

このように、成長性のある魅力的な市場と日本食への理解があるにも関わらず、北海道企業が進出できなかったのは、中国への商品の商標登録、魚種登録などを進めていかないと販売することができないためである。(販売先が確証できていない中では、中小企業では登録料等のコストが重荷になる)。輸出の手続きに関して食品・食品添加物の衛生証明書発行に時間がかかり

コーディネート機能の重要性

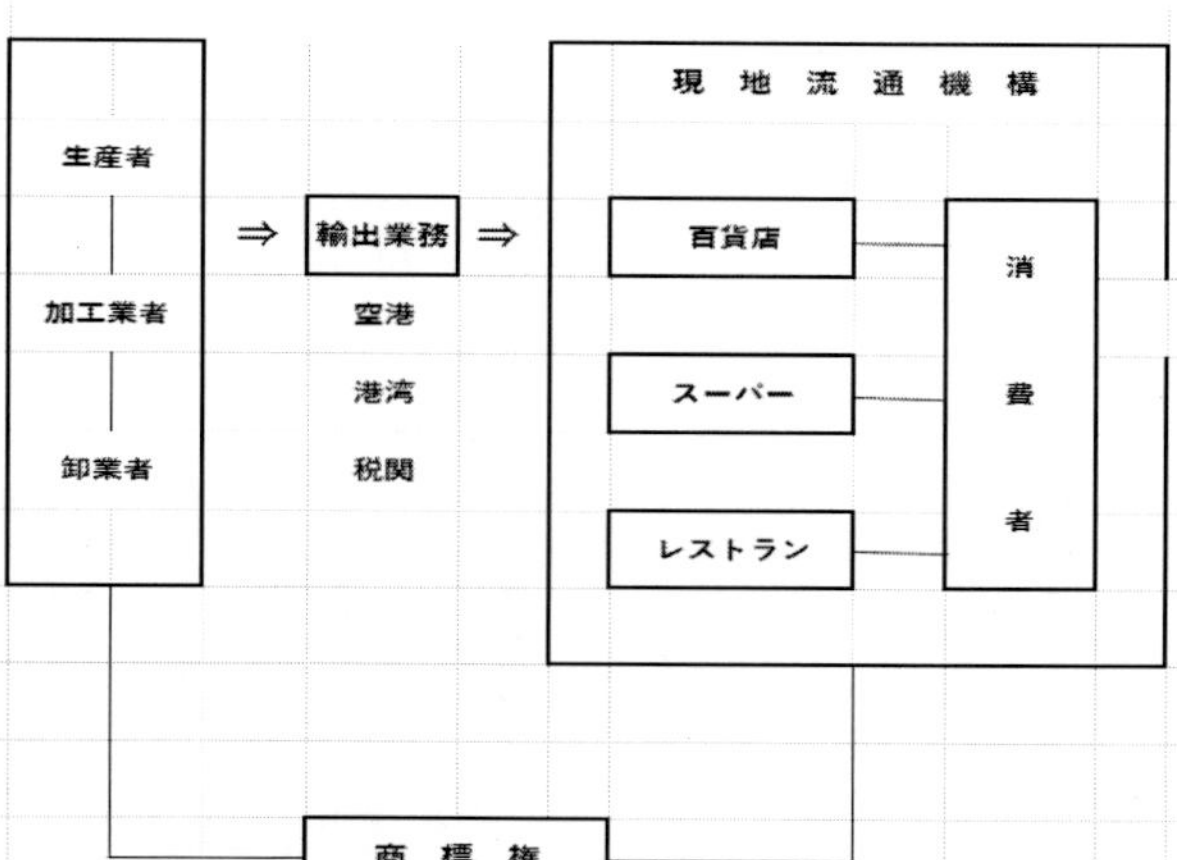

すぎるため、賞味期限の短い商品、鮮度重視の商品は流通できない。そして、現地企業との連携や売り場づくりと販先を選定できていなかったことが原因である。

北海道食品開発流通地興としては、事業全体をコーディネートしながら、生産者、中小企業と連携して、海外と直接やり取りをし、マーケットを切り拓き、商品の改善改良、提案から顧客つくりだしていく。

香港での活動

北海道食品開発流通地興での香港での取り組みとして、毎年国慶節時期に北海道食と観光展を開催しているその活動を紹介する。

（香港そごう　イベント）

開催期間　平成二十七年九月二十八日～十月六日

開催場所　香港ＳＯＧＯ　コーズウェイベイ店　Ｂ２Ｆ

開催内容　「北海道　秋の食と観光展」

北京への鮮魚輸出

日本の中国への鮮魚輸出は、長崎県から上海へのルートが主流であった。沿岸漁業の盛んな、北海道の鮮魚においても、中国への輸出は、まず長崎県へ運び、そこから輸出するという形でしかできなかった。

そのため、時間がかかり鮮度保持や国内輸送コスト等の課題が多いと考えられていた。したがって、よりよい鮮魚を中国へ流通させるためには、北海道から直接鮮魚を輸送する仕組みを構築していく必要があった。そこで、北海道における官公庁の許可、証明書発行の迅速化実現が重要であった。この度、許可等の迅速化の要請を踏まえて、厚生労働省の衛生証明書や北海道庁の放射能検査・産地証明のメールでの申請が可能となり、初めてテスト輸送を十月十八日に商品サンプルとして出荷することができた。

北海道からの鮮魚輸出は、北京（中国市場で鮮魚の消費伸び率が大きい）に焦点を当てて、輸出させることとした。

北海道の魚のとりまとめを、札幌市中央卸売市場のカネシメ高橋水産に依頼し、北海道の鮮魚輸出の輸出実務を行っていくこととして、中国の鮮魚の流通に詳しい、株式会社合食の協力を得て、当初は大連合食にて荷受けしてもらい、北京への配送で販路を拡大していくが、流通量の確保ができた際には、札幌、北京の直行便による流通体制を構築していく。

また、北海道鮮魚の流通先としては、北京の国際的水産卸売事業者と連携するとともに、今回の催事をとりまとめた高級日本料理店のサプライヤーである事業者と連携することにして、北京での北海道鮮魚のブランド化を推進して展開していく。この度のイベントで高い評価を頂いたので、今後更なる流通体制を確立して、流通拡大に務めて、市場を構築していく。

実施日時：二〇一六年　一〇月二一日（金）、二二日（土）
一一時～一七時（10月20日会場設営）

主催者：北京百所正通食品貿易有限公司、北京鮮文世紀貿易有限公司、北京博多商貿有限公司

開催場所：中日青年交流中心二十一世紀飯店　三階　イベントスペース

来場者数：一日目　八〇〇名程度　二日目　五〇〇名程度
合計一三〇〇人程度

今回のテスト輸送では、現地のバイヤー・顧客に北海道の鮮魚をPRするだけではなく、実際の鮮度の様子や、配達のスピードなど、改善の余地があることが、見えてきた。

北京での鮮魚販売の模様

これからの課題

　北海道は自然に恵まれていることもあり、魅力的な産品が沢山ある。これを国際的ブランドとして世界マーケットに販売していく意義は大きい。

　しかし、それを実現するには生産者と販売業者が連携して消費者に安全・安心な商品を届ける仕組みが必要である。輸出手続き、物流システム、販売体制商標権確保、などのすべてを効率よくコーディネートする必要がある。そのための試みを積極的に行い、これまでのところうまく回ることが確認されているが、これを定常取引として定着させていくにはさらに大きな努力が必要である。

　さらに、この流れを本格化するにあたっては、日本自の食文化と北海道という魅力を同時に海外に展開していくことが求められる。また、今はまだ取り組めていない、宗教的な戒律がある食文化やアレルギー対応食品など、日本ならではのきめ細かいサービスを展開していくことにより、多くの人々に日本の食文化と食に関するホスピタリティを届けていくことが必要である。そうすることによって、より本物志向の顧客は北海道に目を向け、足を運んでくれるはずである。北海道のファンを増やし、実際に観光し体験まで結び付けるインバウンドの拡だいにつながるはずである。

このように水産品をはじめとする地域の産品を直接海外に輸出する仕組みを作り上げることによって、地域経済を活発化させることができる。また、その過程で港や空港の輸出手続きや物流体制が改善され、港や空港の機能が改善されることが未来への道筋になるものと思われる。

むすび

エコハ出版ではこれまでにも、地域活性化やまちづくりについての書を発行してきたが、今回は「港町文化」に焦点を当てることにした。

日本は四方を海に囲まれた海洋国家であり、古くから港が重要な交通拠点であった。近年は、産業構造や貿易構造の変化、航空機や鉄道、モータリゼーションの発達に伴う都市構造の変化などによって人々の生活が港から離れる傾向にあり、港の相対的ポジションは低下する傾向にあった。

しかし、地域活性化やまちづくりを考える立場からすれば、港が非常に大きいポジションをもっているので、その意義を見直す必要を強く感じていた。

著者（鈴木）はつい最近まで公立はこだて未来大学で教鞭をとっていたこともあり、北海道への愛着が強いので、本書では北海道の重要港湾である釧路港・小樽港・函館港をモデルに「港町文化とまちづくり」についての本書を刊行することにした。

その準備にあたっては江戸時代に北前船によって京阪神と北海道を結んだ高田屋嘉兵衛の大きな役割を見直し、「港町文化」の源流を考えることから始めた。

港町は、一般に閉鎖的であったといわれている封建社会のもとでも、オープンで活力のあるセクターであった。海外を含めた異文化に対しても寛容で、新しい技術や文化を積極的に取り入れ、それを自分たちの文化と融合させてきた。函館に残されている「和洋折衷」の建築物や異なった宗派が同じ地区に共存する「共生の道」も日本が誇るべきものである。

今、世界では自国中心主義、人種差別、保護貿易のキャンペーンが行われているが、このような流れは時代錯誤であることを強く感じる。

今後の港のあり方を考えるにあたっても、港の本来の機能である物資や人の交流拠点として、コンテナ船、フェリー船、大型客船などの技術イノベーションを積極的に推進するとともに、人々の生活や意識を「港町文化」として広くとらえ、港を地域づくりやまちづくりと結び付けていくことが重要であることを再確認したい。

その際、国際化に対応できる地域づくり、まちづくりの視点が重要であることを強調し、その視点で全体を貫いた。というのは地域づくりやまちづくりは、どちらかというと日常的な活動の積み重ねであるため、ともすれば理論的にマンネリとなりやすいので、この機会に明確なビジョンを提示することが必要だと感じたからである。是非、地域づくりやまちづくりの実践の場で活用してもらいたいとの思いもある。

本書の取材、編集、制作にあたり、釧路・小樽・函館の関係者をはじめ多くの人にお世話になった。深く感謝するとともに今後とも仲間として協力をお願いしたい。

二〇一七年八月

クリエイティブ・ユニット（エコハ出版）

代表　鈴木克也

（参考文献）

エコハ出版『地域における国際化』二〇一四年八月
エコハ出版『観光マーケティングの理論と実践』二〇一一年二月
CD-ROM『高田屋嘉兵衛のすべて』二〇〇三年
函館開発建設部『高田屋嘉兵衛が築いた街と港のあゆみ』
司馬遼太郎『菜の花の沖』
井上　靖『おろしゃ国酔夢譚』
中川清治『史伝高田屋嘉兵衛』二〇一九年三月
須藤隆仙・好川之範『高田屋嘉兵衛のすべて』新人物往来社二〇〇八年十月
福井県河野超『地域から見た日本海開運』二〇〇一年十一月
江差町民話研究会『北前船残照』二〇〇二年五月
北海道開発局港湾空港部『二十一世紀の北海道港湾ビジョン』二〇〇二年四月
国土交通省港湾局『暮らしを海と世界に結ぶみなとビジョン』二〇〇一年三月
北海道開発局後湾空港部『釧路港』『小樽港』『函館港』
北海道開発局ホームページ『北海道の港』

水産庁『水産白書』
函館市『函館市水産振興計画』
マルハニチロ『サーモンミュージアム』(ホームページ)
須藤隆仙『増補・函館の歴史』一九五〇年七月
はこだて外国人居留地研究会『幕末・明治の国際都市はこだて
函館商工会議所『はこだて検定公式テキストブック』二〇〇六年一二月
北海道新聞社編『はこだて歴史散歩』一九八二年五月
佐藤労『釧路歴史散歩』(上)(下)釧路新書一九七三年七月
釧路市地域史料室編『遠い日のくしろ』二〇〇三年三月
釧路市地域史料室編『釧路昔むかし』一九八九年三月
釧路市地域資料室編『街角の百年』二〇〇一年三月
国土交通省港湾局『クルーズ振興を通じた地方創生』二〇一一年二月

（地域活性化シリーズ）『地域のおける国際化』2014年8月	函館の開港は喜んで異文化を受け入れることによって、地域の国際化におおきな役割を果たした。その歴史が現在でも息づいており、今後の年のあり方にも大きな影響を与えている。これをモデルに地域国際化のあり方を展望する。
コンピュータウイルスを無力化するプログラム革命（LYEE）2014年11月	プログラムを従来の論理結合型からデータ結合型に変えることによってプログラムの抱えている様々な問題を克服できる。プログラムの方法をLYEEの方式に変えることにより、今起こっているウイルスの問題を根本的に解決できる。
（農と食の王国シリーズ）『柿の王国～信州・市田の干し柿のふるさと』2015年1月	市田の干し柿は恵まれた自然風土の中で育ち、日本の柿の代表的な地域ブランドになっている。これを柿の王国ブランドとして新たな情報発信をしていくことが求められている。
（農と食の王国シリーズ）『山菜の王国』2015年3月	山菜は日本独特の四季の女木身を持った食文化である。天然で多品種少量の産であるため一般の流通ルートに乗りにくいがこれを軸に地方と都会の新しいつながりをつくっていこうとの思いから刊行された。
（コミュニティブックス）『コミュニティ手帳』２０１５年９月	人と人をつなぎ都市でも地域でもコミュニティを復活することが求められている。昔からあったムラから学び、都市の中でも新しいコミュニティをつくっていくための理論と実践の書である。
（地域活性化シリーズ）『丹波山通行ッ手形』２０１６年５月	2000m級の山々に囲まれ、東京都の水源ともなっているる丹波山は山菜の宝庫でもある。本書では丹波山の観光としての魅力を紹介するとともに、山菜を軸とした地域活性化の具体的方策を提言している。
（農と食の王国シリーズ）『そば&まちづくり」2016年11月	日本独自の食文化であるそばについて、その歴史、風土魅力、料理の作り方楽しみ方などを総合的に見たうえで今後に世界食としての展望を行っている。

（目的）

現在地域や社会で起こっている様々な問題に対して新しい視点から問題提起するとともに、各地での取り組み先進的事例を紹介し、実践活動に役立てていただきたいということで設立された。出版方式としてもは部数オンデマンド出版という新しい方式をし、採用した。今後も速いスピードで出版を続けていく予定である。

（法人組織）

企業組合クリエイティブ・ユニッ（代表 鈴木克也）

（本社所持地）

神奈川県鎌倉市浄明寺4－18－11
（電話・FAX）0467－24－2738
（携帯電話：鈴木克也） 090－2547-5083

エコハ出版の本

『環境ビジネスの新展開』2010年6月　2000円	日本における環境問題を解決するためには市民の環境意識の高揚が前提であるが、これをビジネスとしてとらえ、継続的に展開していく仕組みづくりかが重要なことを問題提起し、その先進事例を紹介しながら、課題を探っている。
『地域活性化の理論と実践』2010年10月　2000円	最近地域が抱えている問題が表面化しているが、地方文化の多様性こそが日本の宝である。今後地域の活性化のためは、「地域マーケティング」の考え方を取り入れ、市民が主体となり、地域ベンチャー、地域産業、地域のクリエイターが一体となって地域資源を再発見し、地域の個性と独自性を追求すべきだと提唱している
『観光マーケティングの理論と実践』2011年2月　2000円	観光は日本全体にとっても地域にとっても戦略的なテーマである。これまでは観光関連の旅行業、宿泊業、交通業、飲食業などがバラバラなサービスを提供してきたがこれからは「観光マーケティング」の考え方を導入すべきだと論じている。
『ソーシャルベンチャーの理論と実践』2011年6月　2000円	今、日本で起こっている様々な社会的な問題を解決するにあたって、これまでの利益追求だけのシステムだけでなく、ボランティア、NPO法人、コミュニティビジネスを含む「ソーシャルベンチャー」の役割が大きくなっている。それらを持続的で効果のあるものとするための様々な事例について事例研究している。
『アクティブ・エイジング～地域で活躍する元気な高齢者』2012年3月　2000円	高齢者のもつ暗いイメージを払拭し、高齢者が明るく元気に活躍する社会を構築したい。そのための条件をさぐるため函館地域で元気に活躍されている10人の紹介をしている。今後団塊の世代が高齢者の仲間入りをしてくる中で高齢者が活躍できる条件を真剣に考える必要がある。
山﨑文雄著『競争から共生へ』2012年8月　2000円	半世紀にわたって生きものに向きあってきた著者が、生きものの不思議、相互依存し、助けあいながら生きる「共生」の姿に感動し、人間や社会のあり方もこれまでの競争一辺倒から「共生」に転換すべきだと論じている。
『ソーシャルビジネスの新潮流』2012年10月　2000円	社会問題解決の切り札としてソーシャルビジネスへの期待が高まっているが、それを本格化するためにはマネジメントの原点を抑えることとそれらを支える周辺の環境条件が重要なことを先進事例を紹介しながら考察する。
堀内伸介・片岡貞治著『アフリカの姿　過去・現在・未来』2012年12月　2000円	アフリカの姿を自然、歴史、社会の多様性を背景にしてトータルで論じている。数十年にわたってアフリカの仕事に関わってきた著者達が社会の根底に流れる、パトロネジシステムや政治経済のガバナンスの問題と関わらせながらアフリカの過去・現在・未来を考察している。
（アクティブ・エイジングシリーズ）『はたらく』2013年7月　2000円	高齢になっても体力・気力・知力が続く限りはたらき続けたい。生活のためにやむなく働くだけでなく自分が本当にやりたいことをやりたい方法でやればいい。特に社会やコミュニティ、ふるさとに役立つことができれば本人の生きがいにとっても家族にとっても、社会にとっても意味がある。事例を紹介しつつそれを促進する条件を考える。
風間　誠著『販路開拓活動の理論と実践』2013年11月　1600円	企業や社会組織の販路開拓業務を外部の専門家にアウトソーシングするにあたって、その戦略的意義と手法について、著者の10年にわたる経験を元に解説している。
（アクティブ・エイジングシリーズ）『シニア起業家の挑戦』2014年3月2000円	高齢になってもアクティブにはたらき続けるために『シニア起業家』の道もな選択肢である。資金や体力の制約もあるが、長い人生の中で培われた経験・ノウハウネットワークを活かして自分にしかできないやりがいのある仕事をつくり上げたい。

地域における国際化シリーズ
新しい港町文化とまちづくり

2017年 9月 1日　　初 版 発 行

編 著　　鈴木 克也

定価（本体価格2,000円＋税）

発行所　エ コ ハ 出 版（クリエイティブ・ユニット）
〒248-0003 神奈川県鎌倉市浄明寺4-18-11
TEL 0467 (24) 2738
FAX 0467 (24) 2738

発売所　株 式 会 社　　三 恵 社
〒462-0056 愛知県名古屋市北区中丸町2-24-1
TEL 052 (915) 5211
FAX 052 (915) 5019
URL http://www.sankeisha.com

乱丁・落丁の場合はお取替えいたします。
ISBN978-4-86487-737-4 C1060 ¥2000E